숲닛츠의
따뜻한 손뜨개 니트

숲닛츠의 따뜻한 손뜨개 니트

2023년 12월 22일 1판 1쇄 발행
2024년 2월 20일 1판 3쇄 발행

—

지은이 최귀염
펴낸이 이상훈
펴낸곳 책밥
주소 03986 서울시 마포구 동교로23길 116 3층
전화 번호 02-582-6707
팩스 번호 02-335-6702
홈페이지 www.bookisbab.co.kr
등록 2007. 1. 31. 제313-2007-126호

—

기획·진행 윤정아
디자인 디자인허브

—

ISBN 979-11-93049-26-6 (13590)
정가 22,000원

ⓒ 최귀염, 2023

이 책은 저작권법에 따라 보호받는 저작물이므로 무단전재와 무단복제를 금합니다.
이 책 내용의 전부 또는 일부를 사용하려면 반드시 저작권자와 출판사에 동의를 받아야 합니다.
잘못 만들어진 책은 구입하신 서점에서 바꿔드립니다.

책밥은 (주)오렌지페이퍼의 출판 브랜드입니다.

숲닛츠의 따뜻한 손뜨개 니트

최귀염 지음

책밥

모던 니팅의
세계에 오신 것을
환영합니다.

모던 니팅은 '엄격한 기존 방식에서 벗어난 간편하고 쉬운 현대의 뜨개 스타일'을 말합니다. 저의 뜨개 방식이기도 하지요. 과거 초보 시절은 뭘 뜰지 고민만 하다 시간을 보낸 것 같습니다. 이건 촌스러워서 안 되고 저건 어려워 보여서 안 되고. 뜨개질은 하고 싶은데 왜 그렇게 도안 고르기가 어렵던지요.

알고 보면 뜨개는 비교적 숙련된 기술을 요구하지 않기 때문에 기초 기법만 숙지하면 누구나 좋은 작품을 만들 수 있습니다. 가을과 겨울이면 언제나 찾게 되는 예쁜 니트들을 말이지요. 복잡한 바느질 과정 없이도 손쉽게 만들 수 있답니다.

손뜨개로 니트 만드는 걸 어렵게 생각하지 않아도 됩니다. 이 책에서는 뜨개에 대한 배경지식부터 사용하는 도구, 기초 기법 등을 차례로 소개하며 뜨개를 처음 접하는 여러분의 이해를 돕고 있습니다.

또한 간편하게 떠서 예쁘게 입을 수 있는 작품들을 위주로 구성했는데요. 먼저 Part 3의 '한 가지 도안으로 두 가지 작품'에서는 말 그대로 한 가지 도안으로 두 가지 작품 만드는 방법을 소개합니다. 원하는 패턴에 원하는 스타일을 고를 수 있는 장점이 있지요. Part 4의 '단일 작품'은 여러 니트와 아기자기한 소품을 소개합니다. 후드가 달린 니트, 스카프, 모자 등을 담았습니다. 다양한 체형의 사람이 있는 만큼 사이즈도 여러 가지로 준비했으니 참고해 주세요.

처음 보는 서술 지침과 기호 도안이 낯설어 막힐 때가 분명 찾아올 텐데요. 작품 첫 장에 실린 QR을 스캔해 보면 편하게 소통할 수 있는 웹 페이지가 열리니 여러분의 궁금증도 많이 남겨 주세요.

세련된 모던 니팅에 담긴 따뜻한 손뜨개 감성 한 방울이 잘 전달되기를 바랍니다.

숲닛츠, 최귀염 드림

Contents

Prologue 04
How to Read 12

Part ❶
시작하기 전에

01	사용한 도구	18
02	게이지 알아보기	22
03	알아두면 좋은 뜨개 상식	26

| 스웨터의 종류 | 톱다운과 보텀업 | 드롭 숄더 팁 |
| 셰이핑 | 단춧구멍 만들기 |

04	숲닛츠의 뜨개 상담소	32
05	도안 읽는 법	34

Part ❷
대바늘 손뜨개의 기초

01	코잡기	38
02	겉뜨기	39
03	안뜨기	39
04	코 막기	40
05	걸러뜨기	40
06	바늘비우기	41
07	K2TOG(왼코 모아뜨기)	41
08	SSK(오른코 모아뜨기)	42
09	M1L(왼코 늘림)	43
10	M1R(오른코 늘림)	43
11	코에서 코 줍기	44
12	단에서 코 줍기	44
13	1코 고무뜨기 코 막기	45
14	편물 돌리기	46
15	DS(더블 스티치) 만들기	46
16	DS(더블 스티치) 뜨기	47
17	오른코 위 1코 교차뜨기	47
18	왼코 위 1코 교차뜨기	48
19	오른코 위 2코 교차뜨기	48
20	왼코 위 2코 교차뜨기	49
21	오른코 위 3코 교차뜨기	49
22	왼코 위 3코 교차뜨기	50
23	오른코 위 5코 교차뜨기	50
24	왼코 위 5코 교차뜨기	51
25	원통뜨기, 매직 루프, 주디스 매직 캐스트온, 감아코	51

Part ❸
한 가지 도안으로
두 가지 작품

에버라스트 카디건 & 조끼
54

젬마 스웨터 & 슬립오버
64

콜럼 스웨터 & 카디건
76

어도어립 스웨터 & 카디건
88

댕기머리 카디건 & 스웨터
100

타임리스 스웨터 & 카디건
114

단델리온 카디건 & 조끼
128

숲닛츠 미리보기

Part ❹
단일 작품

퍼스트 카디건
148

베로나 스웨터
156

너디 폴로 티
162

봄 티
172

만체로피 후디
180

별빛 스카프
192

터틀넥 워머
198

오솔길 모자
204

크로셰룩 가방
208

테라 삭스
212

앤의 룸 슈즈
218

How to Read

작품 선택 Part 2의 '대바늘 손뜨개의 기초'에서 기본 기법을 숙지한 다음 원하는 작품을 선택합니다. 선택한 작품의 첫 상단에 있는 QR을 스캔하면 해당 작품에 대한 웹 페이지가 열리는데요. 이곳에서 튜토리얼 영상, 서술 지침 및 기호 도안 정오표를 확인할 수 있고, 뜨개 도중에 헷갈리는 부분이 생기면 언제든지 문의할 수도 있습니다.

실 소요량 실의 소요량은 개인 손 땀에 따라 차이가 크니 항상 넉넉하게 준비해 주세요. 실의 소요량은 한 가지 실을 기준으로 표기되었습니다. 따라서 두 겹 이상 겹쳐 한 쌍으로 사용한 경우는 사용한 실의 개수와 표기된 실의 소요량을 곱하여 계산합니다. 예를 들어 '베로나 스웨터'에서 사용한 실은 '두니트의 누베 실크 실 3겹'이며 소요량은 '350(400,460,510)m'인데요. 그렇다면 실제 사용한 소요량은 1,050(1,200, 1,380, 1,530)m가 됩니다.

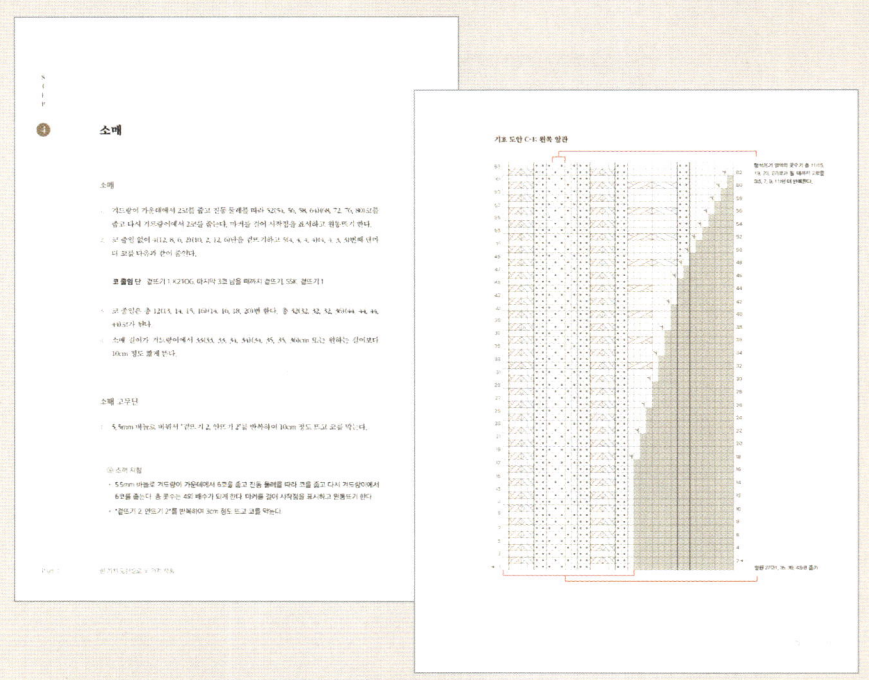

Part 3 읽는 법 단일 작품이 아닌 두 가지의 옵션이 있는 작품은 카디건, 스웨터, 조끼 중 무엇을 먼저 시작할지 선택해야 합니다. 선택한 뒤 메인 지침과 응용 지침을 모두 훑어본 후 뜨개를 시작해 주세요. 예를 들어 카디건을 기준으로 작성된 지침인데 스웨터 지침을 따를 예정이라면, 각 STEP별 '스웨터 지침'을 확인한 후 뜨개를 시작하는 게 좋습니다.

기호 도안 무늬가 들어가는 작품은 본문에 기호 도안을 함께 실었습니다. 서술 지침과 기호 도안을 함께 읽으며 무늬뜨기를 진행합니다. 기호 도안이 있는 작품으로 젬마 스웨터&슬립오버(64쪽), 댕기머리 카디건&스웨터(100쪽), 베로나 스웨터(156쪽), 앤의 룸 슈즈(218쪽)가 있습니다.

Part 4 읽는 법	단일 작품을 소개하는 파트입니다. 과정이 쉬운 카디건과 스웨터부터 칼라 또는 후드가 달린 니트까지. 여러 가지 스타일의 니트를 소개하고 있습니다. 또 쌀쌀한 계절에 착용하기 좋은 스카프, 워머, 모자, 양말부터 코바늘 기법을 활용한 크로셰룩 가방, 앤의 룸 슈즈까지 다양한 소품도 만나볼 수 있습니다. 여러분의 취향과 필요에 따라 작품을 선택해 만들어 보세요.
개별 튜토리얼	작품을 만드는 과정에서 '대바늘 손뜨개의 기초'에 소개되지 않은 기법이 등장할 때는 별도로 개별 튜토리얼을 제공하고 있습니다. 과정 사진과 친절한 설명을 함께 읽으며 새로운 기법을 익혀 보세요. 개별 튜토리얼이 있는 작품으로 만체로피 후디(180쪽), 별빛 스카프(192쪽)가 있습니다.

Part __1

01   사용한 도구
02   게이지 알아보기
03   알아두면 좋은 뜨개 상식
       스웨터의 종류
       톱다운과 보텀업
       드롭 숄더 팁
       셰이핑
       단춧구멍 만들기
04   숲닛츠의 뜨개 상담소
05   도안 읽는 법

시작하기 전에

사용한 도구

1) 줄 바늘

대바늘을 하나만 사야 한다면 80cm 길이의 줄 바늘을 구매하면 됩니다. 긴 줄에 바늘 2개가 달린 모양이지요. 평면뜨기, 원통뜨기, 매직 루프가 모두 가능합니다. 입문자는 저렴한 80cm 길이 줄 바늘을 구매해서 사용해 본 후, 다음 단계의 제품을 사는 게 좋습니다. 여러 제품을 사용한 다음 조립식 세트, 숏팁도 시도해 보세요.

2) 마커

마커는 코를 구분하는 데 사용합니다. 여러 가지 무늬가 있을 때 마커를 사용해 각 구간을 표시합니다. 또 코 늘림, 코 줄임 위치를 표시할 때도 쓰입니다. 두꺼운 마커를 사용하는 경우 코와 코 사이가 벌어지게 되므로 적당한 두께가 좋습니다.

3) 장갑 바늘

작은 둘레의 편물을 원통뜨기 할 때는 장갑 바늘을 사용하기도 합니다. 사람마다 편한 방법이 다르니 다양한 방법을 시도해 보세요. 장갑 바늘은 5개가 한 세트이며 의류는 주로 15cm 길이 바늘을 사용합니다.

4) 꽈배기 바늘

꽈배기 바늘은 케이블 스티치, 교차뜨기를 할 때 사용합니다.

5) 돗바늘

바느질할 때 쓰는 뾰족한 바늘은 대바늘 뜨개에서 사용하기 어렵습니다. 끝이 뭉툭한 뜨개용 돗바늘이 필요합니다. 뜨개를 마무리하고 꼬리 실을 감출 때 사용합니다.

6) 스티치 홀더

스티치 홀더는 코 막음이 되지 않은 코들을 임시로 걸어 놓을 때 사용합니다. 여러 가지 스티치 홀더들이 많지만, 케이블 형태가 다용도로 쓸 수 있어 편리합니다.

7) 줄자

줄자는 편물이나 신체 둘레를 잴 때 사용합니다. 뜨개 편물 자체가 흐물거리니 빳빳한 소재의 줄자를 사용하는 게 좋습니다.

8) 자

자는 뜨개 작업 중 편물 길이를 잴 때 사용합니다. 스웨터를 뜰 때는 30cm 길이가 적당합니다.

9) 가위

가위는 실을 자를 때 사용합니다. 문구용보단 수예용 가위가 잘린 면이 더 깔끔합니다. 수예용 가위는 대형 문구점 또는 온라인숍에서 구매할 수 있습니다.

10) 개방형 마커

개방형 마커는 단을 표시하는 데 사용됩니다. 특정 단을 표시하거나 특정 코를 표시합니다. 마커와는 다르게 개방형 마커는 뜨개를 하는 동안 이동하지 않습니다.

PREP

② 게이지 알아보기

1) 게이지 확인하는 법

게이지를 확인하는 일은 뜨개를 시작하기 전에 반드시 거쳐야 할 과정입니다. 사람 손 땀(손뜨개 코)에 따라 편물의 짜임새와 크기가 달라지기 때문이지요. 게이지를 사전에 확인해 보며 자신에게 적당한 바늘 크기나 콧수를 가늠해 볼 수 있습니다. 함께 게이지를 확인해 봅시다.

① 먼저 작품 '기본 정보'에 표시된 게이지를 확인합니다. 예를 들어 '기본 정보'에 게이지가 '20코 28단/4mm 바늘/메리야스뜨기'로 표기되어 있다면, 이 말은 4mm 바늘로 메리야스뜨기 했을 때 가로 10cm 안에 20코가 있고, 세로 10cm 안에 28코가 있다는 뜻입니다. 특별한 안내가 없다면 세탁 후 블로킹(모양 잡기)한 상태를 말합니다.

② 사각 편물(스와치)을 만들어서 게이지를 확인해 볼게요. 4mm 바늘과 실을 준비합니다. 사각 편물은 15~20cm 크기로 넉넉하게 뜨는 게 좋아요. 15cm 사각 편물을 뜬다고 가정하겠습니다. '10cm:20코=15cm:x'라는 비례식을 사용하면 15cm 내 필요한 콧수는 30코입니다. 그렇게 30코를 잡고 세로 길이가 15cm가 될 때까지 메리야스뜨기하고 코를 막아 줍니다.

③ 완성된 사각 편물은 손세탁하고 고르게 펴서 그늘에 말립니다. 블로킹 매트가 있다면 가로세로를 15cm 길이에 맞춰 핀을 꽂고 말려요. 사각 편물이 완전히 마르면 중앙을 측정하여 가로세로 10cm 안에 몇 코, 몇 단이 들어가는지 확인합니다.

④ 도안보다 높은 게이지(High Gauge, 더 많은 콧수)가 나왔다면 4.5mm 바늘로 뜨개를 시작하고, 낮은 게이지(Low Gauge, 더 적은 콧수)가 나왔다면 3.5mm 바늘로 뜨개를 시작합니다. 콧수 차이가 크게 난다면 바늘 크기를 바꾸고 앞의 과정을 다시 진행해 게이지를 측정해 봅니다.

2) 게이지의 중요성

많은 뜨개인이 게이지를 매우 중요하게 여깁니다. 개인적인 생각으로 게이지는 물론 중요하지만, 너무 많은 시간을 쏟지 않아도 된다고 생각합니다. 왜냐하면 스웨터를 뜨는 동안 어깨, 몸통, 소매 등 영역별로 게이지 차이가 날 수도 있고 평면뜨기, 원통뜨기를 하면서도 게이지가 변할 수 있기 때문이지요. 또한 15cm 사각 편물과 실제 완성된 결과물의 게이지가 다르게 나올 수도 있어요. 물론 처음부터 끝까지 일정하게 나올 수도 있지만요.

사람마다 게이지가 다르면 완성작 크기도 다르지 않을까요? 맞습니다. 도안과 정확하게 같은 크기의 작품을 완성하기란 쉽지 않습니다. 그러나 게이지를 정확하게 맞추기 위해 사각 편물만 계속 만들기보다는 같은 작품을 2번 만들어 보는 게 더 나은 방법이라고 생각합니다.

3) 세탁과 블로킹

뜨개의 완성은 세탁과 블로킹입니다. 완성된 편물을 세탁하는 법은 실의 라벨을 참고하면 됩니다. 가장 많이 쓰이는 울은 손세탁하는 게 좋습니다. 드라이클리닝은 안 됩니다. 미지근하거나 조금 찬 물을 받아서 편물을 푹 담급니다. 울 전용세제를 사용하여 부드럽게 조물조물 세탁하고 헹구어 냅니다. 동물의 털은 물을 잘 먹지 않아 충분히 주물러 주는 것이 좋습니다. 편물을 15분 정도 물에 담급니다.

세탁이 끝나면 편물을 손으로 눌러 물기를 제거하고 큰 수건과 함께 돌돌 말아서 말립니다. 세탁기를 사용해 탈수한다면 반드시 편물과 크기가 비슷한 세탁망에 넣어 돌려줍니다. 건조할 때는 가능하다면 블로킹 매트에 편물을 눕혀 건조합니다. 손뜨개 작품들은 도안과 크기가 완벽하게 일치하지 않을 거예요. 블로킹 매트에서 편물을 시침 핀으로 고정해 상세 치수에 맞게 말려주는 방법도 있습니다.

PREP 3. 알아두면 좋은 뜨개 상식

1) 스웨터의 종류

스웨터는 소매가 어깨에 부착되는 형태에 따라 여러 가지로 나눌 수 있습니다. 체형에 따라 잘 어울리는 디자인이 다르니 여러 종류의 스웨터를 경험해 보세요.

① 래글런 스타일 Raglan Style

래글런 스타일은 어깨에서 겨드랑이까지 대각선으로 솔기가 생기는 스웨터입니다. 몸통과 소매를 따로 떠서 이어 붙이는 방식도 있지만 주로 어깨에서 시작해 몸통과 소매를 한꺼번에 떠내려가는 방식이 많습니다. 가장 대중적이고 초보자에게 진입 장벽이 낮은 디자인입니다.

작품 퍼스트 카디건, 봄 티, 만체로피 후디

② 써큘러 요크 스타일 Circular Yoke Style
요크란 목에서 겨드랑이까지를 부르는 명칭입니다. 스웨터 종류와 상관없이 이 부분을 요크라고 불러요. 써큘러 요크 스타일은 요크 부분을 둥글게 만드는 방식입니다. 래글런 스타일처럼 대각선이 아닌 방사형으로 균일하게 코를 늘리게 됩니다.

작품 베로나 스웨터

③ 드롭 숄더 스타일 Drop Shoulder Style
몸통과 소매를 이어주는 어깨선이 실제 어깨너비보다 아래로 더 크게 떨어지는 형태입니다. 사각형 형태로 앞판과 뒤판 그리고 몸통을 진행해 뜨개를 하기는 쉽지만, 래글런 스타일에 비해 코 줍기가 많습니다. 주로 오버핏으로 즐겨 입는 스타일입니다.

작품 에버라스트 카디건&조끼, 젬마 스웨터&슬립오버, 콜룸 스웨터&카디건, 어도어립 스웨터&카디건, 너디 폴로 티

④ 셋인 슬리브 스타일 Set-in Sleeve Style
우리 몸의 어깨뼈에서 겨드랑이까지 손가락으로 따라가 보면 직선이 아닌 곡선을 그리게 됩니다. 셋인 슬리브 스타일은 소매가 이 곡선에 딱 들어맞게끔 부착되는 스웨터입니다. 손뜨개 스웨터 중 셋인 슬리브 스타일은 흔하지 않은데, 이는 조금 어렵기 때문이에요. 이 책에 수록된 셋인 슬리브 스타일의 니트는 바느질하지 않아 비교적 쉬운 편이니 한번 도전해 보세요.

작품 댕기머리 카디건&스웨터, 타임리스 스웨터&카디건, 단델리온 카디건&조끼

⑤ 새들 숄더 스타일 Saddle Shoulder Style
어깨 위에 안장이 올려져 있는 형태의 스웨터입니다. 주로 남성용 스웨터로 알려져 있지만, 요즘에는 여성용 스웨터로도 많이 찾습니다. 대체로 단정하고 도시적인 느낌을 줍니다. 뜨개 난이도는 셋인 슬리브 스타일과 비슷한 편입니다.

작품 터틀넥 워머

⑥ 돌먼 스타일 Dolman Style
일반적으로 가오리핏으로 불리는 스웨터입니다. 겨드랑이에 많은 여유분이 있어 가슴이 큰 체형도 편안하게 입을 수 있어요. 뜨개 난이도는 가장 쉽고 간단합니다. 몸통을 사각형으로 뜨면서 양쪽으로 코를 늘려 소매를 만들어서 2장을 서로 이어 붙이는 형태가 많습니다.

2) 톱다운과 보텀업

톱다운(Top-down)과 보텀업(Bottom-up)에 대해서 알아볼게요. 보통 톱다운은 바느질하지 않는 것 또는 초보자가 쉽게 뜨는 것이라 알려져 있고, 보텀업은 바느질이 필요한 것 또는 옛날 방식이라고 알려져 있습니다. 하지만 톱다운과 보텀업은 사실 뜨는 방향만을 알려줄 뿐이지 뜨개 방법이나 기법을 설명하고 있지는 않습니다.

앞판과 뒤판을 한 번에 떠서 바느질이 필요 없는 것을 심리스 스웨터(Seamless Sweater, 솔기가 없는 스웨터)라고 합니다. 우리가 흔히 톱다운이라 일컫는 디자인이지요. 주로 래글런 스웨터나 써큘러 요크 스웨터가 심리스로 디자인됩니다. 솔기가 없는 디자인은 대개 난이도가 높지 않고 몸을 부드럽게 감싸주는 착용감을 줍니다. 반면 솔기 스웨터(Seamed Sweater)는 사람의 체형에 맞게끔 디자인되어 예쁜 착용감을 가질 수 있습니다. 특히 군살이 많은 부위에서 편물이 살집 모양대로 달라붙지 않는 장점도 있습니다.

왜 어떤 디자인은 목둘레선에서 시작하여 톱다운으로 뜨고, 또 어떤 디자인은 몸통 고무단에서 시작하여 보텀업으로 뜰까요? 톱다운 방향의 장점은 길이를 조절하기가 쉽다는 데 있습니다. 어깨 부분을 먼저 만들어 언제든지 입어보면서 원하는 길이로 조절할 수 있습니다. 반면 보텀업으로 뜰 때는 어깨를 완성하기 전까지 눈대중만으로 길이를 가늠해야 합니다. 정확한 길이를 알기 어렵지요. 또 톱다운은 비교적 적은 수의 코를 잡기 때문에 시작이 수월합니다. 반대로 보텀업은 적어도 2~300코를 한 번에 잡고 시작할 때가 많아 시작부터 콧수 세기에서 실수하면 진도를 나갈 수 없답니다.

보텀업도 장점이 있습니다. 무늬가 복잡한 옷을 뜰 때 무늬대로 쭉 뜰 수 있다는 점입니다. 목둘레선 셰이핑과 같이 콧수를 줄여야 할 때는 진행하던 무늬를 뜨면서 복잡한 계산 없이 코를 줄이거나 막아버리면 됩니다. 반면 톱다운으로 뜰 때는 목둘레선에서 새로 만들어지는 코가 어떤 무늬로 나와야 하는지 머릿속으로 열심히 계산하거나, 기호 도안을 눈여겨보면서 한 코 한 코 떠야 합니다. 따라서 메리야스뜨기와 같은 단순한 무늬, 적은 콧수가 규칙적으로 반복되는 무늬는 톱다운으로 뜨는 게 편하고, 복잡하고 불규칙한 무늬는 보텀업으로 뜨는 게 편합니다.

3) 드롭 숄더 팁

이 책에서 드롭 숄더 스웨터인 에버라스트 카디건&조끼, 젬마 스웨터&슬립오버, 콜룸 스웨터&카디건, 어도어럽 스웨터&카디건, 너디 폴로 티를 만들 때 참고할 수 있는 팁입니다. 아래 그림은 드롭 숄더 스웨터의 뒤판을 완성한 모습이고 겉면을 마주 보고 있는 상태입니다.

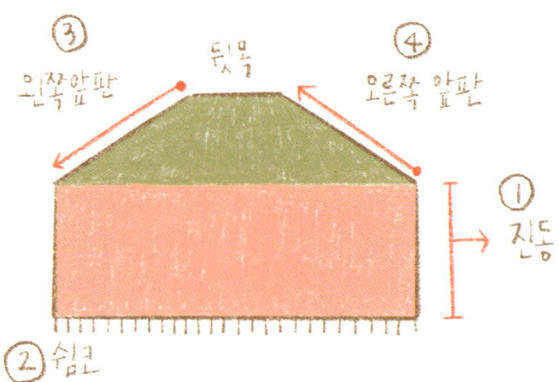

① 진동
어깨 경사가 끝난 지점부터 겨드랑이까지를 말합니다. '진동 길이가 20cm가 될 때까지'에서 가리키는 부분입니다.

② 쉼코
뒤판 지침이 끝나면 뒤판의 코들은 겨드랑이 위치에서 잠시 쉬게 됩니다. 스티치 홀더에 코들을 옮기거나 사용하던 바늘 케이블에 올려둔 채 쉬게 하고 앞판을 진행합니다.

③ 왼쪽 앞판

왼쪽 앞판은 뒷목의 왼쪽에서 시작해서 왼쪽 끝까지 코를 줍습니다. 스웨터를 뜰 때는 왼쪽 앞판을 먼저 진행한 뒤 오른쪽 앞판을 진행합니다.

④ 오른쪽 앞판

오른쪽 앞판은 오른쪽 끝에서 시작해서 뒷목의 오른쪽까지 코를 줍습니다. 카디건을 뜰 때는 오른쪽 앞판을 먼저 진행한 뒤 왼쪽 앞판을 진행합니다. 스웨터와 카디건 지침이 모두 있는 작품을 진행할 때는 이 순서에 유의해 주세요. 순서를 다르게 했다면 먼저 진행한 쪽을 잠시 쉬게 하고 다른 쪽에 새 실을 걸어 진행해도 되니 굳이 실을 풀지 않습니다.

⑤ 소매 코 줍기

드롭 숄더 스타일의 스웨터나 카디건을 뜰 때 소매 코를 주운 곳이 너덜너덜해 보인다면 바늘 크기를 줄여 보세요. 예를 들어 몸통과 소매를 4mm로 뜬다면 소매 코를 주울 때는 3.5mm 바늘로 코를 줍고 다시 4mm 바늘로 소매를 뜨는 거예요. 여기서 주의할 점은 반드시 원래 바늘로 바꿔야 합니다. 바늘 바꾸는 걸 깜박하면 작은 바늘 크기 때문에 소매 둘레가 작아진답니다.

4) 셰이핑

셰이핑이란 사각형이 아닌 어떤 특정한 모양을 만든다는 뜻입니다. 평면뜨기 할 때와 원통뜨기 할 때 같은 콧수로만 진행한다면 사각형 모양이 됩니다. 하지만 원형뜨기(원통이 아닌 평면으로 동그란 모양), 곡선, 대각선 등 어떤 모양을 만들 때는 코를 늘리거나 줄여서 셰이핑 할 수 있습니다. 따라서 '셰이핑' 표시는 코를 늘리거나 줄인다는 의미입니다.

5) 단춧구멍 만들기

카디건의 단추를 알맞은 위치에 달아주는 것은 작품의 완성도를 높여줍니다. 라운드넥 카디건은 보통 버튼 밴드와 목 단(넥밴드)을 따로 만들게 되는데 이때 단춧구멍의 위치를 잘 잡아야 합니다. 먼저 개방형 마커로 단춧구멍의 위치를 표시합니다. 가장 윗부분의 단추는 목 단에서 구멍을 만들어야 하니 이것을 고려해 위치를 선정합니다. 목 단의 단춧구멍을 고려하지 않고 버튼 밴드 단춧구멍들의 간격만 계산하면 나중에 위쪽 두 개의 단추가 서로 너무 가깝게 됩니다.

브이넥 카디건은 버튼 밴드와 목 단을 한 번에 만듭니다. 브이넥이 끝나는 지점에서부터 간격을 잘 계산하여 개방형 마커로 위치를 표시해요.

단춧구멍은 단추가 조금 빡빡하게 들어갈 정도의 크기가 좋습니다. 작은 단추는 버튼 밴드를 뜨다가 '바늘비우기, 한 코 줄이기' 정도로 구멍을 만들고 조금 큰 단추는 2~3코를 덮어씌워 막는 방식으로 구멍을 만듭니다. 이때 다음 단에서 감아코로 막은 콧수만큼 새 코를 만들어 줘야 해요.

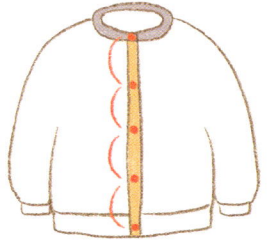 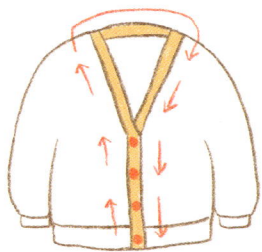

숲닛츠의 뜨개 상담소

1) 메리야스뜨기에서 고무단으로 넘어갈 때

메리야스뜨기로 몸통을 뜨고 고무단으로 넘어갈 때 고무단 첫 단이 못생겨 보이나요? 바늘 크기를 줄여 몸통 마지막 단을 뜨고 고무단으로 넘어가 보세요. 예를 들어 4mm 바늘로 몸통 메리야스뜨기를 하다가 3.5mm 바늘로 고무단을 진행할 때, 3.5mm 바늘로 메리야스뜨기를 한 단 뜬 뒤 고무단 뜨기를 해 보세요. 고무단 첫 단이 가지런히 정리될 거예요.

2) 콧수가 많아 헷갈릴 때

코잡기 또는 코 줍기를 할 때 콧수가 너무 많아 헷갈리나요? 그럴 땐 10코, 20코 또는 50코 단위로 마커를 걸면서 진행해 보세요.

3) 콧수가 늘어나는 실수를 할 때

갑자기 100코가 101코로 되었나요? 초보일 때는 코를 늘리지 않았지만, 실이 바늘에 걸려 콧수가 늘어나고는 합니다. 이런 실수를 줄이려면 콧수를 자주 세면서 맞는지 확인해 주어야 해요. 콧수에 의도치 않은 변화가 생겼을 때는 풀고 다시 뜨는 걸 추천합니다. 하지만 잘 보이지 않는 곳이라면 왼코 모아뜨기로 1코를 줄여도 됩니다.

4) 편물 모양이 잘 안 잡힐 때

뜨개를 진행할 때 내 편물만 못생겨 보이고 다른 이의 편물은 예쁘게만 보이지요. SNS에 올라오는 편물 사진은 세탁 후 스팀까지 완료한 경우가 많아요. 그러니 편물을 완성한 후 한 번 세탁해 보세요. 그래도 편물이 못생겨 보인다면 실의 종류를 확인해요. 모헤어가 들어간 편물은 스팀 없이도 예뻐 보이지만 아크릴 실은 세탁 후에도 여전히 모양이 안 잡힐 수 있어요. 이 경우는 세탁소에 가서 다림질을 세게 해 달라고 부탁해 보세요.

5) 도안대로 떴는데 소매 길이 차이가 많이 날 때

소매는 게이지가 몸통과 다르거나 의도대로 나오지 않는 경우가 많아요. 소매가 유난히 크다면 몸통보다 바늘 크기를 줄이고 작게 나오면 몸통보다 바늘 크기를 키웁니다. 소매 길이도 도안 지침과 다르게 해요. 소매 길이를 수정하기 전에 알아두어야 하는 공식이 있는데 다음과 같습니다. 게이지 20코 28단 기준으로 진행합니다.

① 원하는 소매 길이   38cm(총 길이 - 소매 고무단 길이)
② 도안의 소매 전체 콧수   80코(코 줄임을 하기 전 소매 콧수)
③ 도안의 손목 전체 콧수   48코(코 줄임이 끝난 후 소매 콧수)
④ 게이지 콧수   2코(20코 x 0.1)
⑤ 게이지 단수   2.8단(28단 x 0.1)

먼저 소매 길이의 단수를 구합니다.

$$38\text{cm (원하는 소매 길이)} \times 2.8 \text{ (게이지 단수)} = 106.4 \text{ (전체 단수)}$$

106.4단을 반올림하여 106단으로 정하겠습니다. 줄여야 할 콧수를 구합니다.

$$80 \text{ (도안의 소매 전체 콧수)} - 48 \text{ (도안의 손목 전체 콧수)} = 32 \text{ (줄여야 할 콧수)}$$

소매는 주로 한 단에 2코를 줄이기 때문에 32/2를 하여 16으로 만들어 줍니다. 이 값은 코 줄임 횟수가 됩니다. 전체 단수를 16으로 나누어 줍니다.

$$106 \text{ (전체 단수)} \div 16 \text{ (코 줄임 횟수)} = 6.625 \text{ (코 줄임 단)}$$

여기서는 반올림하지 않고 소수점 이하를 모두 버립니다. 6번째 단마다 2코를 줄이는데 이것을 총 16번 하면 96단이 됩니다. 하지만 지금 원하는 소매 길이가 되려면 106단이 되어야 하니 나머지 10단은 코 줄임 없이 뜨고 소매 고무단으로 넘어갑니다.

PREP

⑤ 도안 읽는 법

1) 서술 지침을 읽는 법

서술 지침은 책을 읽듯이 왼쪽에서 오른쪽으로 위에서 아래로 읽습니다. 지침은 STEP 순으로(STEP 1, STEP 2, STEP 3, STEP 4…) 진행됩니다. 단계별로 주어진 지침을 차례로 수행하면 어느새 작품이 완성됩니다.

2) 기호 도안을 읽는 법

기호 도안의 무늬는 모두 겉면에서 보이는 모습을 기준으로 표기되어 있습니다. 메리야스뜨기로 평면뜨기 할 때 기호 도안에서 안면의 기호는 모두 겉뜨기로 표기됩니다. 겉면에서는 겉뜨기로 보이기 때문이지요. 그렇다면 안면을 뜰 때는 모든 기호를 거꾸로 보면서 힘들게 두뇌 싸움해야 하는지 걱정스러울 수 있지만, 대부분 무늬는 안면에서 어려운 무늬를 뜨지 않기 때문에 겉뜨기, 안뜨기 같은 간단한 무늬만 기억하면 됩니다.

또 평면뜨기에서 안면을 뜰 때는 기호 도안을 왼쪽에서 오른쪽으로 읽습니다. 원통뜨기에서는 겉면만 보고 뜨기 때문에 모든 단을 오른쪽에서 왼쪽으로 읽고 보이는 대로 뜨게 됩니다.

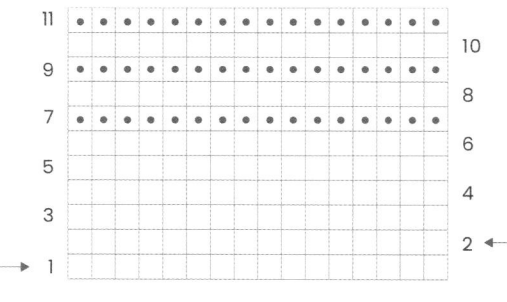

예시

1단(안면) 단 끝까지 안뜨기

2단(겉면) 단 끝까지 겉뜨기
1~2단을 2번 더 반복한다.

7단(안면) 단 끝까지 겉뜨기

8단(겉면) 단 끝까지 겉뜨기
7~8단을 1번 더 반복한 뒤 7단만 1번 더 반복한다.

3) 기호

이 책에 등장하는 기호를 소개합니다. 기호를 충분히 눈으로 익히고 기호 도안을 읽어 주세요. 어려운 기호는 없습니다. 비슷한 모양으로 헷갈리기 쉬운 교차뜨기는 색상과 길이를 주의 깊게 살펴봅니다.

□	겉뜨기	◩	왼코 위 1코 교차뜨기
⊡	안뜨기	◪	오른코 위 1코 교차뜨기
○	바늘비우기	⧄	왼코 위 2코 교차뜨기
╱	왼코 모아뜨기	⧅	오른코 위 2코 교차뜨기
╲	오른코 모아뜨기	⧄	왼코 위 3코 교차뜨기
↙	왼코 늘림	⧅	오른코 위 3코 교차뜨기
↘	오른코 늘림	⧄	왼코 위 5코 교차뜨기
▨	스티치 없음	⧅	오른코 위 5코 교차뜨기
✤	버블스티치		
▨	DS 만들기		
☐	반복 구간		

Part __2

01	코잡기	10	M1R(오른코 늘림)	19	오른코 위 2코 교차뜨기
02	겉뜨기	11	코에서 코 줍기	20	왼코 위 2코 교차뜨기
03	안뜨기	12	단에서 코 줍기	21	오른코 위 3코 교차뜨기
04	코 막기	13	1코 고무뜨기 코 막기	22	왼코 위 3코 교차뜨기
05	걸러뜨기	14	편물 돌리기	23	오른코 위 5코 교차뜨기
06	바늘비우기	15	DS(더블 스티치) 만들기	24	왼코 위 5코 교차뜨기
07	K2TOG(왼코 모아뜨기)	16	DS(더블 스티치) 뜨기	25	원통뜨기, 매직 루프, 주디스 매직 캐스트온, 감아코
08	SSK(오른코 모아뜨기)	17	오른코 위 1코 교차뜨기		
09	M1L(왼코 늘림)	18	왼코 위 1코 교차뜨기		

대바늘 손뜨개의 기초

① 코잡기

① 사진과 같이 고리를 만들어 바늘에 끼우고 엄지와 검지를 아래 두 실 사이에 넣어 벌린다.

② 엄지와 검지를 그대로 뒤집고 엄지 앞에 걸린 실 아래로 바늘을 넣어 구멍을 빠져나간다.

③ 그대로 검지 앞에 걸린 실 위로 바늘을 건다.

④ ③의 실을 감은 채 바늘이 들어갔던 엄지 구멍 아래로 다시 빠져나온다.

⑤ 엄지와 검지로 아래 두 실을 벌려서 바늘에 걸린 코를 작게 조인다. 원하는 콧수만큼 ②~⑤의 과정을 반복한다.

기초 기법

② 겉뜨기

① 실을 편물의 뒤에 두고 오른쪽 바늘로 왼쪽 바늘에 걸린 코의 왼쪽을 바깥쪽으로 찌른다.

② 오른쪽 바늘에 실을 시계 반대 방향으로 감는다.

③ 실을 감은 채 들어갔던 구멍으로 빠져나오며 왼쪽 바늘 코를 그대로 뺀다.

③ 안뜨기

① 실을 편물의 앞에 두고 오른쪽 바늘로 왼쪽 바늘에 걸린 코의 오른쪽을 안쪽으로 찌른다.

② 오른쪽 바늘에 실을 시계 반대 방향으로 감는다.

③ 실을 감은 채 들어갔던 구멍으로 빠져나오며 왼쪽 바늘 코를 그대로 뺀다.

④ 코 막기

① 왼쪽 바늘의 첫 2코는 무늬대로 뜬다.
② 오른쪽 바늘의 뒤코를 왼쪽 바늘로 들어 올려 앞코 위로 덮어씌운다.
③ 왼쪽 바늘의 코를 1코씩 뜨며 ②를 반복한다.

⑤ 걸러뜨기

① 실을 편물의 뒤에 두고(실 뒤 걸러뜨기) 오른쪽 바늘로 왼쪽 바늘에 걸린 코를 찌른다.
② 코를 그대로 오른쪽 바늘로 옮긴다(실 앞 걸러뜨기는 실을 편물의 앞에 두고 진행한다).

기초 기법

⑥ 바늘비우기

① 실을 편물의 앞으로 가져오고 오른쪽 바늘을 감는다.

② 바늘비우기 다음 겉뜨기로 1코 뜬 모습이다.

⑦ K2TOG(왼코 모아뜨기)

① 왼쪽 바늘의 2코를 겉뜨기하듯이 오른쪽 바늘로 한 번에 찌른다.

② 오른쪽 바늘에 실을 시계 반대 방향으로 감는다.

③ 실을 감은 채 들어갔던 구멍으로 빠져나오며 왼쪽 바늘 코를 그대로 뺀다 (P2TOG는 안뜨기로 뜬다).

⑧ SSK (오른코 모아뜨기)

① 왼쪽 바늘의 코를 겉뜨기하듯이 오른쪽 바늘로 찌르고 그대로 옮긴다.

② 2번째 코도 겉뜨기하듯이 오른쪽 바늘로 찌르고 그대로 옮긴다.

③ 왼쪽 바늘로 오른쪽 바늘에 걸린 2코를 한 번에 찌른다.

④ 오른쪽 바늘에 실을 시계 반대 방향으로 감는다.

⑤ 실을 감은 채 들어갔던 구멍으로 빠져나오며 왼쪽 바늘 코를 그대로 뺀다.

기초 기법

⑨ M1L(왼코 늘림)

① 오른쪽 바늘로 코와 코 사이에 가로줄을 뒤에서 앞으로 끌어 올린다.

② 왼쪽 바늘을 가로줄 앞부분에 넣는다. 겉뜨기 모양새가 된다.

③ 오른쪽 바늘에 실을 시계 반대 방향으로 감고 겉뜨기하듯이 마무리한다(M1LP는 안뜨기로 뜬다).

⑩ M1R(오른코 늘림)

① 오른쪽 바늘로 코와 코 사이에 가로줄을 앞에서 뒤로 끌어 올린다.

② 왼쪽 바늘에 가로줄을 올린다.

③ 왼쪽 바늘에 걸린 가로줄을 오른쪽 바늘로 찔러 겉뜨기하듯이 뜬다(M1RP는 안뜨기로 뜬다).

⑪ 코에서 코 줍기

① 코 주울 위치 가장 끝에 코의 V자 모양 또는 V자 모양과 V자 모양 사이로 오른쪽 바늘을 넣는다.

② 오른쪽 바늘에 실을 시계 반대 방향으로 감는다.

③ 실을 감은 채 들어갔던 구멍으로 빠져나온다.

⑫ 단에서 코 줍기

① 코 주울 위치 가장 끝에 코가 두 줄이 올라오도록 오른쪽 바늘을 넣는다.

② 오른쪽 바늘에 실을 시계 반대 방향으로 감는다.

③ 실을 감은 채 들어갔던 구멍으로 빠져나온다.

Tip 단에서 코를 주울 때는 특별한 지침이 없다면 3단 중 2코 또는 4단 중 3코를 줍는다. '균일하게'라는 지침은 정해진 콧수로 줍되 상황에 따라 적절히 건너뛰라는 의미다.

기초 기법

⑬ 1코 고무뜨기 코 막기

① 실을 길게 남기고 자른 뒤 돗바늘에 끼운다. 첫 코인 겉뜨기 코에 겉뜨기 방향으로 돗바늘을 찌른다.

② 첫 코가 걸뜨기 2코 또는 걸러뜨기와 겉뜨기 코로 시작한다면 이 2코를 1코로 취급하여 한 번에 돗바늘을 찌른다.

③ ① 또는 ②에서 통과한 실을 당기고 그대로 왼쪽 바늘에서 코를 빼낸다.

④ 1번째 코는 지나치고 그다음 겉뜨기 코에 안뜨기 방향으로 돗바늘을 찌른다. 통과한 실은 그대로 뺀다.

⑤ ④에서 지나친 1번째 코인 안뜨기 코에 안뜨기 방향으로 돗바늘을 찌르고 왼쪽 바늘에서 코를 빼낸다.

⑥ 코를 빼낸 모습이다.

⑦ 돗바늘을 편물의 뒤로 가져가서 겉뜨기 코와 안뜨기 코 사이로 넣고 실을 앞으로 당긴다.

⑧ 2번째 코인 안뜨기 코에 겉뜨기 방향으로 돗바늘을 찌르고 실을 당긴다.

⑨ 1번째 코인 겉뜨기 코에 겉뜨기 방향으로 돗바늘을 찌르고 왼쪽 바늘에서 코를 빼낸다. 이 과정을 3번 반복한다.

⑭ 편물 돌리기

① 뜨고 있던 편물을 반대 방향으로 돌린다.

② 겉면을 마주 보다가 안면으로 또는 안면을 마주 보다가 겉면을 마주 보게 된다.

⑮ DS(더블 스티치) 만들기

① 실을 편물의 앞에 두고 왼쪽 바늘의 첫 코를 걸러뜨기 한다(겉면에서도 실을 편물의 앞에 두고 걸러뜨기 한다).

② 실을 오른쪽 바늘에 감아 바늘비우기를 하는데 세게 당겨서 코가 꽉 조이도록 한다. 바늘에 실이 2줄 걸려 있지만 1코로 취급한다.

기초 기법

⑯ DS(더블 스티치) 뜨기

① DS는 1코에 2줄이 걸려 있다(걸러뜨기 코와 바늘비우기 코).

② 이를 1코로 취급해 한 번에 겉뜨기한다. 안뜨기해야 하는 코는 안뜨기로 뜬다.

⑰ 오른코 위 1코 교차뜨기

① 꽈배기 바늘에 코를 옮기고 꽈배기 바늘을 편물 앞에 둔다.

② 왼쪽 바늘의 다음 코를 겉뜨기한다.

③ 꽈배기 바늘의 코를 겉뜨기한다.

⑱ 왼코 위 1코 교차뜨기

① 꽈배기 바늘에 코를 옮기고 꽈배기 바늘을 편물 뒤에 둔다.
② 왼쪽 바늘의 다음 코를 겉뜨기한다.
③ 꽈배기 바늘의 코를 겉뜨기한다.

⑲ 오른코 위 2코 교차뜨기

① 꽈배기 바늘에 2코를 옮기고 꽈배기 바늘을 편물 앞에 둔다.
② 왼쪽 바늘의 다음 2코를 차례로 겉뜨기한다.
③ 꽈배기 바늘의 2코를 차례로 겉뜨기한다.

⑳ 왼코 위 2코 교차뜨기

① 꽈배기 바늘에 2코를 옮기고 꽈배기 바늘을 편물 뒤에 둔다.
② 왼쪽 바늘의 다음 2코를 차례로 겉뜨기한다.
③ 꽈배기 바늘의 2코를 차례로 겉뜨기한다.

㉑ 오른코 위 3코 교차뜨기

① 꽈배기 바늘에 3코를 옮기고 꽈배기 바늘을 편물 앞에 둔다.
② 왼쪽 바늘의 다음 3코를 차례로 겉뜨기한다.
③ 꽈배기 바늘의 3코를 차례로 겉뜨기한다.

㉒ 왼코 위 3코 교차뜨기

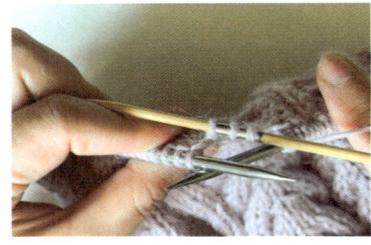

① 꽈배기 바늘에 3코를 옮기고 꽈배기 바늘을 편물 뒤에 둔다.
② 왼쪽 바늘의 다음 3코를 차례로 겉뜨기한다.
③ 꽈배기 바늘의 3코를 차례로 겉뜨기한다.

㉓ 오른코 위 5코 교차뜨기

① 꽈배기 바늘에 5코를 옮기고 꽈배기 바늘을 편물 앞에 둔다.
② 왼쪽 바늘의 다음 5코를 차례로 겉뜨기한다.
③ 꽈배기 바늘의 5코를 차례로 겉뜨기한다.

기초 기법

24 왼코 위 5코 교차뜨기

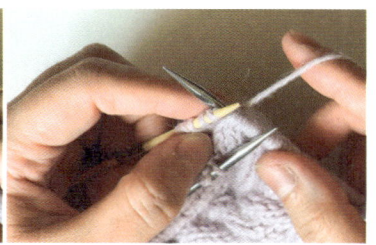

① 꽈배기 바늘에 5코를 옮기고 꽈배기 바늘을 편물 뒤에 둔다.
② 왼쪽 바늘의 다음 5코를 차례로 겉뜨기한다.
③ 꽈배기 바늘의 5코를 차례로 겉뜨기한다.

25 원통뜨기, 매직 루프, 주디스 매직 캐스트온, 감아코

① 원통뜨기　　② 매직 루프　　③ 주디스 매직 캐스트온　　④ 감아코

Part __ 3

01 에버라스트 카디건 & 조끼
02 젬마 스웨터 & 슬립오버
03 콜롬 스웨터 & 카디건
04 이도어럽 스웨터 & 카디건
05 댕기머리 카디건 & 스웨터
06 타임리스 스웨터 & 카디건
07 단델리온 카디건 & 조끼

한 가지 도안으로
두 가지 작품

Everlast Cardigan & Vest

에버라스트 카디건 & 조끼

작품 개요

에버라스트 카디건은 드롭 숄더 스타일의 기본 디자인으로 손이 자주 가는 옷입니다. 카디건 만드는 법 중간에 소개되는 '조끼 지침'을 따르면 한 가지 도안으로 카디건과 조끼 모두를 완성할 수 있습니다. 단추는 카디건처럼 달아도, 조끼처럼 없어도 좋아요.

사이즈 선택하기

에버라스트 카디건은 가슴둘레에서 20~25cm 정도 여유분을 두는 게 좋습니다. 조끼를 길게 뜨면 고전적이면서도 멋스러운 분위기를 연출할 수 있어요. 모델은 카디건 S 사이즈, 조끼 XL 사이즈를 착용했습니다.

기본 정보

사이즈	XS(S, M, L, XL)(2XL, 3XL, 4XL, 5XL)
가슴둘레	카디건 98.5(104.5, 111, 117, 123)(129, 135.5, 141.5, 147.5)cm
	조끼 111(117, 123, 129, 135)(141.5, 147.5, 154, 160)cm
게이지	13코 20단 ｜ 6mm 바늘 ｜ 메리야스뜨기
실	카디건 울드리머스의 만체로피와 두니트의 누베 페루 실 한 쌍
	조끼 두니트의 푸유 실
소요량	카디건 540(570, 600, 640, 710)(750, 800, 860, 920)m
	조끼 420(450, 480, 510, 570)(610, 650, 700, 740)m
바늘	6mm, 5.5mm

STEP 1

뒤판

어깨

1. 6mm 바늘로 20(20, 20, 20, 24)(24, 24, 24, 28)코를 잡는다.
2. 첫 코와 마지막 코에 개방형 마커를 걸어 앞판 코 주울 위치를 미리 표시한다.
3. 편물을 돌리고 다음과 같이 평면뜨기 한다.

    1단(안면) 단 끝까지 안뜨기, 감아코 2
    2단(겉면) 단 끝까지 겉뜨기, 감아코 2

4. 1~2단을 9(10, 11, 12, 12)(13, 14, 15, 15)번 더 반복한다. 총 60(64, 68, 72, 76)(80, 84, 88, 92)코가 된다.

진동

1. 더 이상 코를 늘리지 않고 뒤판의 진동 길이가 13.5(13.5, 13.5, 13.5, 16.5)(17.5, 18.5, 19.5, 21.5)cm 정도 될 때까지 메리야스뜨기 한다. 마지막 단은 안면을 뜨고 끝난다. 실을 자르고 뒤판을 잠시 쉬게 한다.

> 🔍 **조끼 지침**
> - 더 이상 코를 늘리지 않고 뒤판의 진동 길이가 16.5(16.5, 16.5, 16.5, 19.5)(20.5, 21.5, 22.5, 24.5)cm 정도 될 때까지 메리야스뜨기 한다. 마지막 단은 안면을 뜨고 끝난다. 실을 자르고 뒤판을 잠시 쉬게 한다.

STEP 2 앞판

오른쪽 앞판

1. 뒤판의 겉면을 마주 보고 코 잡은 곳을 위로 오게 한 다음 코를 줍는다. 오른쪽 끝에서부터 시작해서 뒷목의 오른쪽 개방형 마커가 걸린 코까지 21(23, 25, 27, 27)(29, 31, 33, 33)코를 줍는다.
2. 오른쪽 앞판을 메리야스뜨기로 13(13, 13, 13, 15)(15, 15, 15, 15)단 뜬다.

브이넥 늘림

1. 오른쪽 앞판 브이넥 늘림을 다음과 같이 진행한다.

   1단(겉면) 마지막 3코 남을 때까지 겉뜨기, M1R, 겉뜨기 3
   2~6단 메리야스뜨기

2. 1~6단을 총 7(7, 7, 7, 9)(9, 9, 9, 11)번 하는데 사이즈에 따라 오른쪽 앞판을 쉬어갈 때도 있어 개방형 마커를 걸어 브이넥 늘림 위치를 표시한다.
3. 브이넥 늘림을 하면서 오른쪽 앞판의 길이가 코 주운 곳에서부터 26.5(27.5, 28.5, 31.5, 33.5)(35.5, 37.5, 39.5, 41.5)cm 정도 될 때까지 뜬다. 마지막 단은 안면을 뜨고 끝난다. 실을 자르고 오른쪽 앞판을 잠시 쉬게 한다.

> **조끼 지침**
> - 더 이상 코를 늘리지 않고 오른쪽 앞판의 길이가 코 주운 곳에서부터 29.5(30.5, 31.5, 34.5, 36.5)(38.5, 40.5, 42.5, 44.5)cm 정도 될 때까지 뜬다. 마지막 단은 안면을 뜨고 끝난다. 실을 자르고 오른쪽 앞판을 잠시 쉬게 한다.

왼쪽 앞판

1. 뒤판의 겉면을 마주 보고 코 잡은 곳을 위로 오게 한 다음 코를 줍는다. 뒷목의 왼쪽 개방형 마커가 걸린 코부터 시작해서 왼쪽 끝까지 21(23, 25, 27, 27)(29, 31, 33, 33)코를 줍는다.
2. 왼쪽 앞판을 메리야스뜨기로 13(13, 13, 13, 15)(15, 15, 15, 15)단 뜬다.

브이넥 늘림

1. 왼쪽 앞판 브이넥 늘림을 다음과 같이 진행한다.

   1단(겉면) 겉뜨기 3, M1L, 단 끝까지 겉뜨기
   2~6단 메리야스뜨기

2. 1~6단을 총 7(7, 7, 7, 9)(9, 9, 9, 11)번 하는데 개방형 마커를 걸어 브이넥 늘림 위치를 표시한다.
3. 브이넥 늘림을 하면서 왼쪽 앞판의 길이가 코 주운 곳에서부터 26.5(27.5, 28.5, 31.5, 33.5)(35.5, 37.5, 39.5, 41.5)cm 정도 될 때까지 뜬다. 마지막 단은 안면을 뜨고 끝난다.

> 조끼 지침
> - 더 이상 코를 늘리지 않고 왼쪽 앞판의 길이가 코 주운 곳에서부터 29.5(30.5, 31.5, 34.5, 36.5)(38.5, 40.5, 42.5, 44.5)cm 정도 될 때까지 뜬다. 마지막 단은 안면을 뜨고 끝난다.

STEP 3 몸통

앞판과 뒤판 합치기

1. 앞판과 뒤판을 다음과 같이 합친다.

    연결 단 왼쪽 앞판의 단 끝까지 겉뜨기, 감아코 4, 뒤판의 단 끝까지 겉뜨기, 감아코 4, 오른쪽 앞판의 단 끝까지 겉뜨기

2. 총 124(132, 140, 148, 156)(164, 172, 180, 188)코가 된다. 이제부터 코 늘림 없이 메리야스뜨기 한다. 앞서 브이넥 늘림이 끝나지 않은 사이즈는 이어서 마지막 늘림을 한다.

3. 앞판과 뒤판을 합친 곳(겨드랑이)에서부터 23(24, 24, 24, 25)(25, 25, 26, 26)cm 또는 원하는 길이보다 10cm 정도 짧게 뜬다. 마지막 단은 안면을 뜨고 끝난다.

> **조끼 지침**
> - 앞판과 뒤판을 다음과 같이 합친다.
>
>   **연결 단** 왼쪽 앞판의 단 끝까지 겉뜨기, 감아코 12, 뒤판의 단 끝까지 겉뜨기, 감아코 12, 오른쪽 앞판의 단 끝까지 겉뜨기
>
> - 총 140(148, 156, 164, 172)(180, 188, 196, 204)코가 된다. 이제부터 코 늘림 없이 메리야스뜨기 한다. 앞서 브이넥 늘림이 끝나지 않은 사이즈는 이어서 마지막 늘림을 한다.
>
> - 앞판과 뒤판을 합친 곳(겨드랑이)에서부터 23(24, 24, 24, 25)(25, 25, 26, 26)cm 또는 원하는 길이보다 10cm 정도 짧게 뜬다. 마지막 단은 안면을 뜨고 끝난다.

몸통 고무단

1. 5.5mm 바늘로 바꿔서 다음과 같이 뜬다.

    1단(겉면) 겉뜨기 3, 마지막 1코 남을 때까지 *안뜨기 2, 겉뜨기 2* 반복, 겉뜨기 1
    2단(안면) 안뜨기 3, 마지막 1코 남을 때까지 *겉뜨기 2, 안뜨기 2* 반복, 안뜨기 1

2. 1~2단을 반복하여 2코 고무뜨기를 10cm 정도 뜨고 코를 막는다.
3. 실을 자르지 않고 바로 버튼 밴드를 뜬다.

버튼 밴드

1. 감아코 1코를 잡고 오른쪽 앞섶 따라 코를 줍는다. 아래에서부터 오른쪽 앞판의 어깨 코 주운 곳까지 4단 중 3코 정도를 줍고 뒷목은 모든 코를 줍는다. 왼쪽 앞섶 따라 오른쪽 앞섶과 같은 수로 코를 줍고 감아코 1코를 잡는다. 총 콧수는 4의 배수가 되게 한다.
2. 버튼 밴드를 다음과 같이 뜬다.

    1단(안면) 실 앞 걸러뜨기, 마지막 3코 남을 때까지 *안뜨기 2, 겉뜨기 2* 반복, 안뜨기 3
    2단(겉면) 실 뒤 걸러뜨기, 마지막 3코 남을 때까지 *겉뜨기 2, 안뜨기 2* 반복, 겉뜨기 3

3. 1~2단을 반복하여 2코 고무뜨기를 4cm 정도 뜨고 코를 막는다.
4. 단춧구멍은 1.5~2cm 높이에서 만든다.

STEP 4

소매

소매

1. 겨드랑이 가운데에서 2코를 줍고 진동 둘레를 따라 52(54, 56, 58, 64)(68, 72, 76, 80)코를 줍고 다시 겨드랑이에서 2코를 줍는다. 마커를 걸어 시작점을 표시하고 원통뜨기 한다.
2. 코 줄임 없이 4(12, 8, 6, 2)(10, 2, 12, 6)단을 겉뜨기하고 5(4, 4, 4, 4)(4, 4, 3, 3)번째 단마다 코를 다음과 같이 줄인다.

   코 줄임 단   겉뜨기 1, K2TOG, 마지막 3코 남을 때까지 겉뜨기, SSK, 겉뜨기 1

3. 코 줄임은 총 12(13, 14, 15, 16)(14, 16, 18, 20)번 한다. 총 32(32, 32, 32, 36)(44, 44, 44, 44)코가 된다.
4. 소매 길이가 겨드랑이에서 33(33, 33, 34, 34)(34, 35, 35, 36)cm 또는 원하는 길이보다 10cm 정도 짧게 뜬다.

소매 고무단

1. 5.5mm 바늘로 바꿔서 *겉뜨기 2, 안뜨기 2*를 반복하여 10cm 정도 뜨고 코를 막는다.

> 🔍 조끼 지침
> - 5.5mm 바늘로 겨드랑이 가운데에서 6코를 줍고 진동 둘레를 따라 코를 줍고 다시 겨드랑이에서 6코를 줍는다. 총 콧수는 4의 배수가 되게 한다. 마커를 걸어 시작점을 표시하고 원통뜨기 한다.
> - *겉뜨기 2, 안뜨기 2*를 반복하여 3cm 정도 뜨고 코를 막는다.

만드는 법

Gemma Sweater & Slipover

젬마 스웨터 & 슬립오버

작품 개요

젬마 스웨터는 꽈배기 무늬가 사랑스러운 디자인입니다. 스웨터 만드는 법 중간에 소개되는 '슬립오버 지침'을 따르면 한 가지 도안으로 스웨터와 슬립오버 모두를 완성할 수 있습니다. 스웨터는 원피스 길이로, 슬립오버는 조금 짧게 만들었어요.

사이즈 선택하기

꽈배기와 멍석뜨기 무늬가 세탁 후 펴지며 크기가 커질 수도 있습니다. 굵은 실을 사용해 딱 붙는 크기보다는 넉넉한 게 좋습니다. 가슴둘레에서 25~30cm 정도 여유분을 두는 걸 추천합니다. 모델은 스웨터와 조끼 모두 S 사이즈를 착용했습니다.

기본 정보

사이즈	XS(S, M, L, XL)
가슴둘레	101.5(113, 124, 136, 147)cm
게이지	14코 23단 ｜ 6mm 바늘 ｜ 멍석뜨기
실	게파드 간의 퓨라 라나와 키드 세타 실크 실 한 쌍
소요량	스웨터 935(1040, 1150, 1280, 1405)m
	조끼 750(850, 950, 1060, 1180)m
바늘	6mm, 5.5mm, 5mm

STEP 1

뒤판

어깨

1. 6mm 바늘로 87(95, 103, 111, 119)코를 잡고 실을 자른다.
2. 편물을 돌리지 않고 바늘의 오른쪽으로 코들을 밀어 옮긴다. 오른쪽 바늘로 첫 26(30, 34, 38, 42)코를 걸러뜨기 한다. 다음 코와 35번째 코에 개방형 마커를 걸어 앞판 코 주울 위치를 미리 표시한다.
3. 마커가 걸린 1번째 코에 새 실을 걸어 기호 도안 A의 1단부터 시작한다.
   P. 72 기호 도안 A 참조
4. 사이즈별로 멍석뜨기 영역의 콧수는 총 11(15, 19, 23, 27)코가 된다.

진동

1. 계속해서 기호 도안 B의 무늬를 반복하여 뒤판 가운데가 총 56(60, 66, 72, 78)단이 될 때까지 뜬다. 마지막 단은 안면을 뜨고 끝난다. 실을 자르고 뒤판을 잠시 쉬게 한다.
   P. 72 기호 도안 B 참조

> 슬립오버 지침
> - 뒤판 가운데가 총 64(68, 74, 80, 86)단이 될 때까지 뜬다. 마지막 단은 안면을 뜨고 끝난다.

STEP 2 앞판

왼쪽 앞판

1. 뒤판의 겉면을 마주 보고 코 잡은 곳을 위로 오게 한 다음 코를 줍는다. 뒷목의 왼쪽의 개방형 마커가 걸린 코부터 시작해서 왼쪽 끝까지 27(31, 35, 39, 43)코를 줍는다.
2. 기호 도안 C-1의 63단까지 뜬다(기호 도안의 왼쪽 영역만 뜬다).
   P. 73 기호 도안 C-1 참조
3. 실을 자르고 왼쪽 앞판을 잠시 쉬게 한다.

오른쪽 앞판

1. 뒤판의 겉면을 마주 보고 코 잡은 곳을 위로 오게 한 다음 코를 줍는다. 오른쪽 끝에서부터 시작해서 뒷목의 오른쪽 개방형 마커가 걸린 코까지 27(31, 35, 39, 43)코를 줍는다.
2. 기호 도안 C-2의 63단까지 뜬다.
   P. 74 기호 도안 C-2 참조
3. 실을 자르지 않고 64단부터는 기호 도안 C-3과 같이 뜬다(오른쪽 앞판의 단 끝까지 뜨고 감아코 1코를 만든 뒤 왼쪽 앞판을 이어서 뜬다). 총 87(95, 103, 111, 119)코가 된다.
   P. 75 기호 도안 C-3 참조
4. 앞판이 65(69, 75, 81, 87)단이 될 때까지 무늬대로 뜬다.

> 조끼 지침
> - 앞판이 73(77, 83, 89, 95)단이 될 때까지 무늬대로 뜬다.

STEP 3 몸통

앞판과 뒤판 합치기

1. 앞판과 뒤판을 합치고 다음과 같이 원통뜨기 한다.

   연결 단 앞판의 마지막 1코 남을 때까지 무늬대로 뜨기, 마커 걸기, 겉뜨기 1, 감아코 7, 뒤판 마지막 1코 남을 때까지 무늬대로 뜨기, 마커 걸기(시작점), 겉뜨기 1, 감아코 7

2. 총 188(204, 220, 236, 252)코가 된다. 이번 단은 평면뜨기 할 때의 안면이기 때문에 무늬가 헷갈리지 않도록 주의한다.

3. 마커 다음 겨드랑이 9코는 멍석뜨기가 된다.

   1단 마커까지 앞판 무늬대로 뜨기, 마커 넘기기, *안뜨기 1, 겉뜨기 1* 4번 반복, 안뜨기 1, 단 끝까지 뒤판 무늬대로 뜨기
   2단 *마커 넘기기, [겉뜨기 1, 안뜨기 1] 4번 반복, 겉뜨기 1, 마커까지 무늬대로 뜨기* 2번 반복
   3단 *마커 넘기기, [안뜨기 1, 겉뜨기 1] 4번 반복, 안뜨기 1, 마커까지 무늬대로 뜨기* 2번 반복

4. 2~3단을 반복하여 앞판과 뒤판을 합친 곳(겨드랑이)에서부터 28cm 정도 뜬다.
5. 몸통 고무단은 5mm 바늘로 *겉뜨기 1, 안뜨기 1*을 반복하여 1코 고무뜨기를 12cm 정도 될 때까지 뜨고 코를 막는다.

STEP 4

소매

소매

1. 겨드랑이 가운데에서 3코를 줍고 진동 둘레를 따라 64(68, 72, 76, 80)코를 줍고 다시 겨드랑이에서 4코를 줍는다. 마커를 걸어 시작점을 표시하고 원통뜨기 한다. 총 71(75, 79, 83, 87)코가 된다.
2. 첫 10(12, 14, 16, 18)코를 멍석뜨기로 뜨고 다음 51코는 기호 도안 D를 반복하며 뜬다. 마지막 10(12, 14, 16, 18)코도 멍석뜨기 한다.

    P. 75 기호 도안 D 참조
3. 소매 길이가 겨드랑이에서 32cm 정도 될 때까지 무늬대로 뜬다.

소매 고무단

1. 5.5mm 바늘로 바꿔서 첫 코를 겉뜨기하고 단 끝까지 모두 K2TOG 하여 코를 줄인다. 총 36(38, 40, 42, 44)코가 된다.
2. *겉뜨기 1, 안뜨기 1*을 반복하여 1코 고무뜨기를 12cm 정도 뜨고 코를 막는다.

> **슬립오버 지침**
> - 5.5mm 바늘로 겨드랑이 가운데에서 3코를 줍고 진동 둘레를 따라 3단 중 2코 정도를 줍고 다시 겨드랑이에서 3코를 줍는다. 총 콧수는 짝수가 되게 한다. 마커를 걸어 시작점을 표시하고 원통뜨기 한다.
> - *겉뜨기 1, 안뜨기 1*을 반복하여 1코 고무뜨기를 3cm 정도 뜨고 코를 막는다.

STEP 5 목 단

목 단(넥밴드)

1. 스웨터의 겉면을 마주 보고 5.5mm 바늘로 뒤판의 가운데에서부터 시작한다.
2. 먼저 개방형 마커를 브이넥 가운데 코에 걸어 중심 코를 표시한다(중심 코는 케이블 스티치의 15코 중 가운데 코가 아닌 시각적으로 중심에 있는 코를 중심 코로 한다). 뒷목을 따라 14코를 줍는데 케이블 스티치에서는 5코만 줍는다. 왼쪽 목선을 따라 12코를 줍고 중심 코 전까지 대각선으로 32코를 줍는다. 이어서 중심 코 1코, 반대쪽 대각선에서 32코, 오른쪽 목선을 따라 12코, 뒷목에서 15코를 줍는다. 총 118코가 된다. 마커를 걸어 시작점을 표시하고 다음과 같이 원통뜨기 한다.

   1단 겉뜨기 1, 안뜨기 1로 시작해 중심 코 앞 1코를 남기고 1코 고무뜨기, 다음 3코를 중심 3코 모아뜨기(중심 코와 양옆 1코씩), 겉뜨기 1, 안뜨기 1로 시작해 단 끝까지 1코 고무뜨기
   2단 겉뜨기 코는 겉뜨기, 안뜨기 코는 안뜨기(중심 코는 항상 겉뜨기)
   3단 중심 코 앞 1코 남을 때까지 1코 고무뜨기, 중심 3코 모아뜨기, 단 끝까지 1코 고무뜨기
   4단 2단과 동일

3. 3~4단을 3번 더 반복하고 5mm 바늘로 바꿔서 다음과 같이 뜬다.

   11단 2단과 동일
   12단 중심 코까지 1코 고무뜨기, M1R, 중심 코 겉뜨기, M1L, 단 끝까지 1코 고무뜨기

4. 11~12단을 4번 더 반복하고 코를 막는다.
5. 목 단을 안쪽으로 접어 바느질하거나 겹단 코막음으로 마무리한다.

기호 도안 A: 뒤판의 어깨

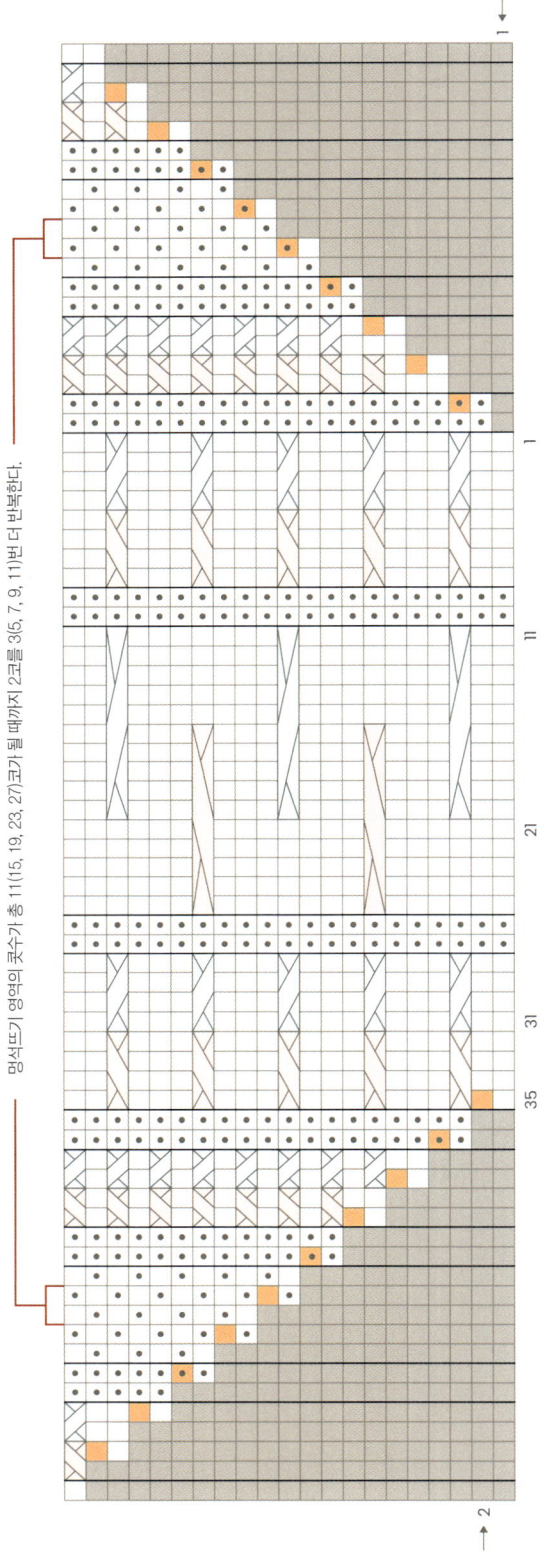

기호 도안 B: 뒤판의 진동

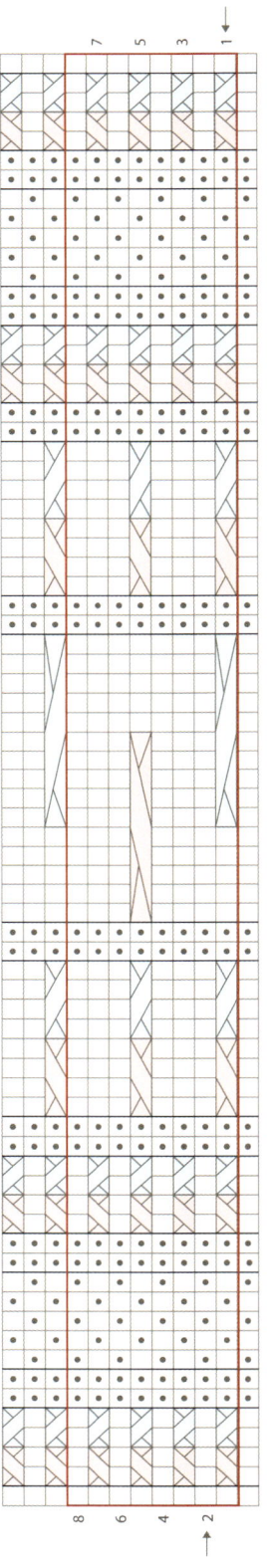

기호 도안 C-1: 왼쪽 앞판

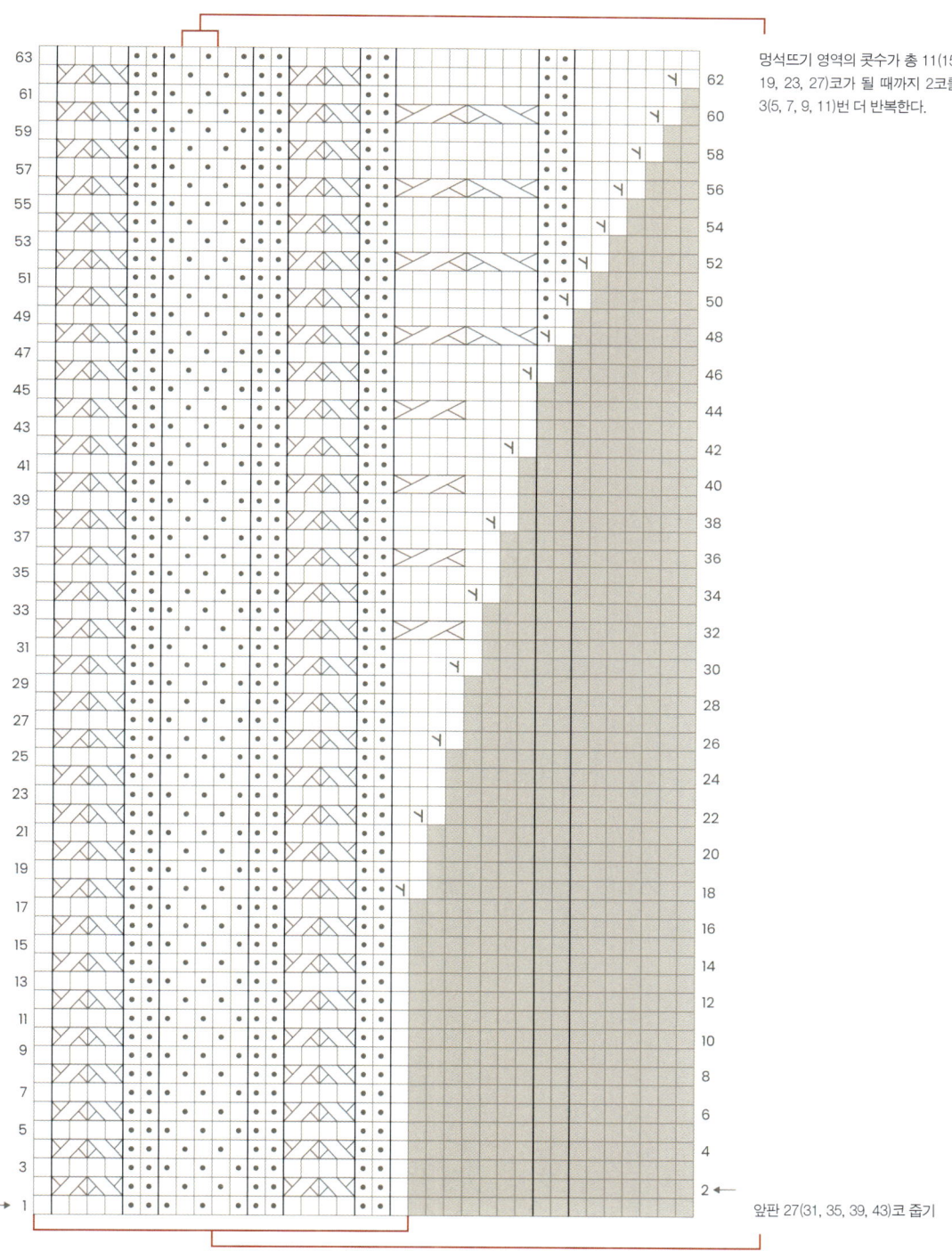

멍석뜨기 영역의 콧수가 총 11(15, 19, 23, 27)코가 될 때까지 2코를 3(5, 7, 9, 11)번 더 반복한다.

앞판 27(31, 35, 39, 43)코 줍기

기호 도안 C-2: 오른쪽 앞판

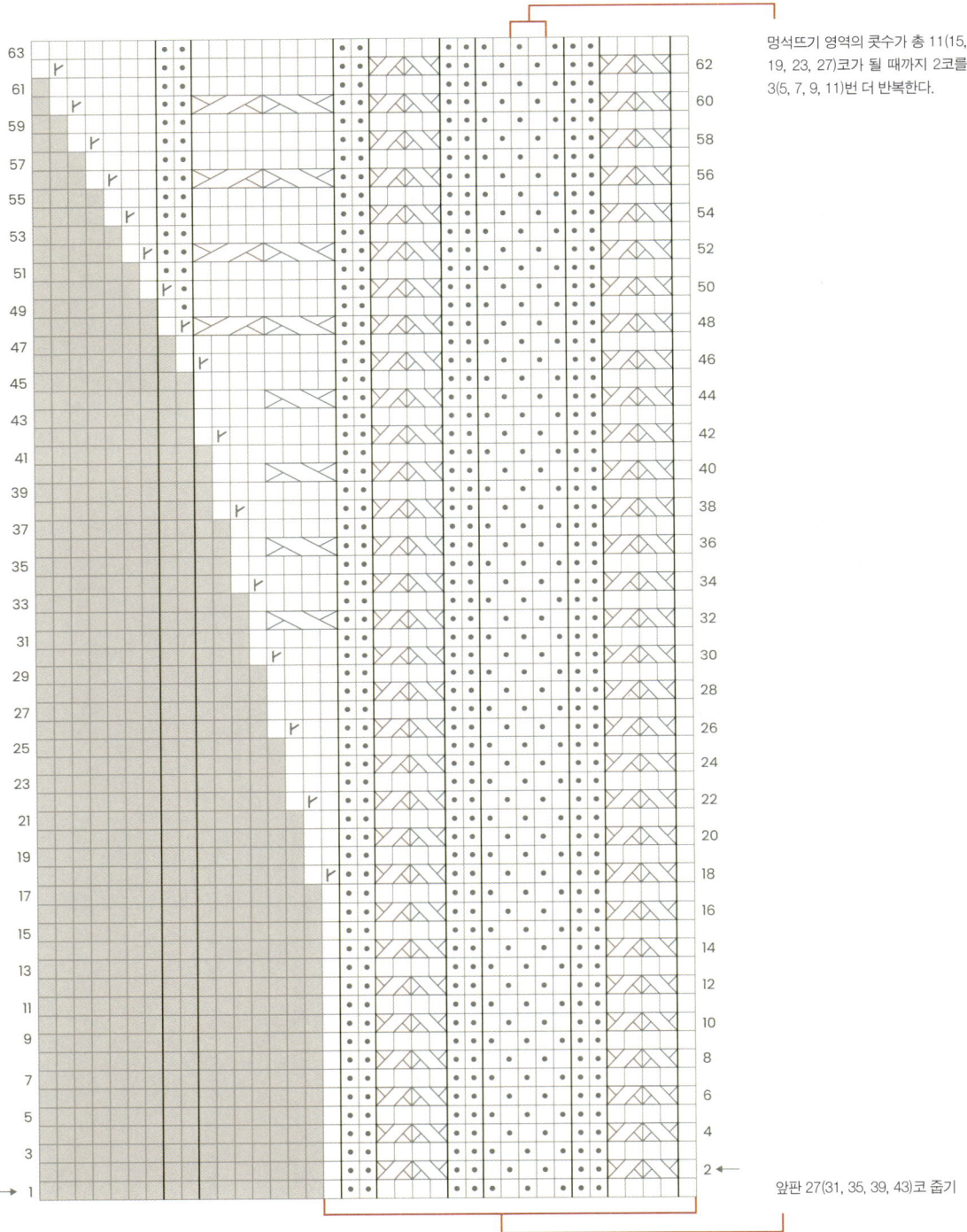

멍석뜨기 영역의 콧수가 총 11(15, 19, 23, 27)코가 될 때까지 2코를 3(5, 7, 9, 11)번 더 반복한다.

앞판 27(31, 35, 39, 43)코 줍기

기호 도안 C-3: 앞판의 진동

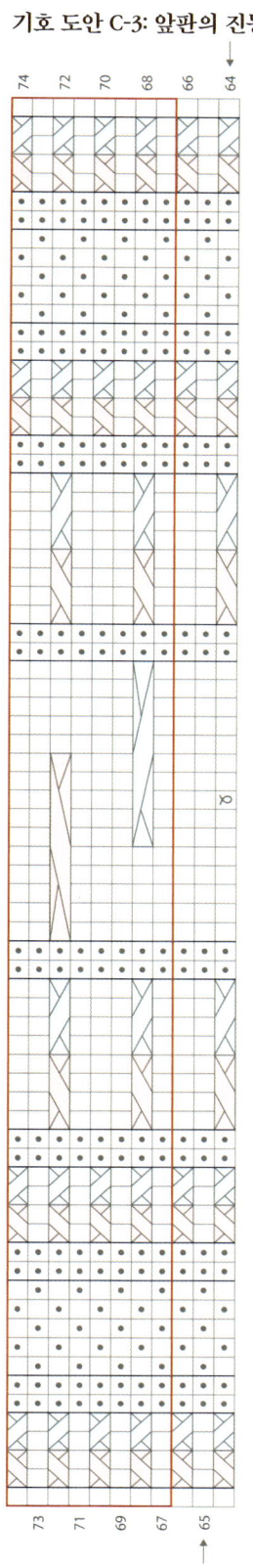

기호 도안 D: 소매

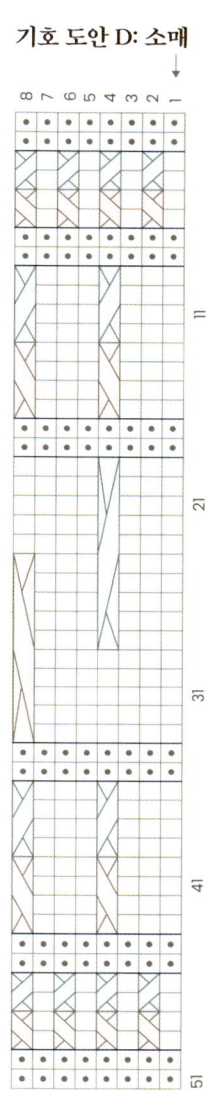

Column Sweater & Cardigan

콜룸 스웨터 & 카디건

작품 개요

콜룸 스웨터는 4코 고무뜨기를 스웨터 전체에 적용한 단순하고 투박한 느낌의 디자인입니다. 드롭 숄더 스타일로 어깨선이 뒤쪽에 위치합니다. 스웨터 만드는 법 중간에 소개되는 '카디건 지침'을 따르면 한 가지 도안으로 스웨터와 카디건 모두를 완성할 수 있습니다.

사이즈 선택하기

콜룸 스웨터는 가슴둘레에서 20~25cm 정도 여유분을 두는 게 좋습니다. 모델은 스웨터 M 사이즈, 카디건 S 사이즈를 착용했습니다.

기본 정보

사이즈	S(M, L)
가슴둘레	105(127, 148)cm
게이지	15코 22단 ǀ 6.5mm 바늘 ǀ 4코 고무뜨기
실	게파드 간의 푸노 실
소요량	670(800, 920)m
바늘	6.5mm, 5.5mm

STEP 1 뒤판

어깨

1. 6.5mm 바늘로 78(94, 110)코를 잡고 다음과 같이 뜬다.

   1단(안면) 안뜨기 1, 마지막 5코 남을 때까지 *안뜨기 4, 겉뜨기 4* 반복, 안뜨기 5

2. 앞으로 몸통이 완성될 때까지 4코 고무뜨기 무늬를 유지하며 겉뜨기 코는 겉뜨기, 안뜨기 코는 안뜨기로 뜬다.
3. 겉면을 마주 보고 양 끝에서 각 28(36, 42)번째 코에 개방형 마커를 걸어 앞판 코 주울 위치를 미리 표시한다.
4. 어깨 경사를 다음과 같이 만든다.

   2단(겉면) 51(59, 69)코 무늬대로 뜨기, 편물 돌리기
   3단(안면) DS 만들기, 23(23, 27)코 무늬대로 뜨기, 편물 돌리기
   4단 DS 만들기, DS까지 무늬대로 뜨기, DS 뜨기, 2코 무늬대로 뜨기, 편물 돌리기

5. 계속해서 양쪽 바늘에 각 3코가 남을 때까지 4단을 23(29, 37)번 더 반복하여 2코 단위로 경사뜨기 한다.

   다음 단(겉면) DS 만들기, DS까지 무늬대로 뜨기, DS 뜨기, 단 끝까지 무늬대로 뜨기
   다음 단(안면) DS까지 무늬대로 뜨기, DS 뜨기, 단 끝까지 무늬대로 뜨기

진동

1. 뒤판의 진동 길이가 12.5(13.5, 15.5)cm 정도 될 때까지 무늬대로 뜬다. 실을 자르고 뒤판을 잠시 쉬게 한다.

STEP 2 앞판

왼쪽 앞판

1. 스웨터는 왼쪽 앞판을 먼저 뜨고 카디건은 오른쪽 앞판을 먼저 뜬다. 카디건은 카디건 지침을 먼저 읽은 다음 시작한다.
2. 뒤판의 겉면을 마주 보고 코 잡은 곳을 위로 오게 한 다음 코를 줍는다. 뒷목의 왼쪽 개방형 마커가 걸린 코부터 시작해서 왼쪽 끝까지 28(36, 42)코를 줍는다.
3. 마커는 제거하고 뒤판 무늬에 맞춰서 4코 고무뜨기를 총 11(11, 13)단 진행한다.

목둘레선 셰이핑

1. 목둘레선 셰이핑을 다음과 같이 한다.

   1단(겉면) 겉뜨기 1, M1L, 단 끝까지 무늬대로 뜨기
   2단(안면) 단 끝까지 무늬대로 뜨기(새로 만들어진 코는 무늬를 이어서 뜬다)

2. 1~2단을 4번 더 반복한다. 늘릴 코가 안뜨기인 경우 M1LP로 코를 늘린다. 총 33(41, 47)코가 된다. 실을 자르고 왼쪽 앞판을 잠시 쉬게 한다.

오른쪽 앞판

1. 뒤판의 겉면을 마주 보고 코 잡은 곳을 위로 오게 한 다음 코를 줍는다. 오른쪽 끝에서부터 시작해서 뒷목의 오른쪽 개방형 마커가 걸린 코까지 28(36, 42)코를 줍는다.
2. 마커는 제거하고 뒤판 무늬에 맞춰서 4코 고무뜨기를 총 11(11,13)단 진행한다.

목둘레선 셰이핑

1. 목둘레선 셰이핑을 다음과 같이 한다.

   1단(겉면) 마지막 1코 남을 때까지 무늬대로 뜨기, M1R, 겉뜨기 1
   2단(안면) 단 끝까지 무늬대로 뜨기(새로 만들어진 코는 무늬를 이어서 뜬다)

2. 1~2단을 4번 더 반복한다. 늘릴 코가 안뜨기인 경우 M1RP로 코를 늘린다. 총 33(41, 47) 코가 된다.

앞판 합치기

1. 오른쪽과 왼쪽 앞판을 다음과 같이 합친다.

   연결 단 오른쪽 앞판의 단 끝까지 무늬대로 뜨기, 감아코 12(12, 16), 왼쪽 앞판의 단 끝까지 무늬대로 뜨기

2. 총 78(94, 110)코가 된다. 앞판의 길이가 코 주운 곳에서부터 29.5(33.5, 37.5)cm 정도 될 때까지 무늬대로 뜬다. 마지막 단은 안면을 뜨고 끝난다.

카디건 지침

오른쪽 앞판

- 총 33(41, 47)코가 될 때까지 스웨터 지침을 따르고 오른쪽과 왼쪽 앞판을 다음과 같이 진행하는데 먼저 오른쪽 앞판부터 시작한다.

    1단(겉면) 단 끝까지 무늬대로 뜨기, 감아코 5(5, 7)
    2단(안면) 단 끝까지 무늬대로 뜨기

- 총 38(46, 54)코가 된다. 오른쪽 앞판의 길이가 코 주운 곳에서부터 29.5(33.5, 37.5)cm 정도 될 때까지 무늬대로 뜬다. 마지막 단은 안면을 뜨고 끝난다. 실을 자르고 오른쪽 앞판을 잠시 쉬게 한다.

왼쪽 앞판

- 이어서 왼쪽 앞판도 진행한다.

    1단(겉면) 단 끝까지 무늬대로 뜨기
    2단(안면) 단 끝까지 무늬대로 뜨기, 감아코 5(5, 7)

- 총 38(46, 54)코가 된다. 왼쪽 앞판의 길이가 코 주운 곳에서부터 29.5(33.5, 37.5)cm 정도 될 때까지 무늬대로 뜬다. 마지막 단은 안면을 뜨고 끝난다.

STEP 3 몸통

<u>앞판과 뒤판 합치기</u>

1. 앞판의 겉면을 마주 보고 앞판과 뒤판을 다음과 같이 합치고 원통뜨기 한다.

연결 단 앞판의 첫 코와 마지막 코 안뜨기, 나머지 무늬대로 뜨기, 마커 걸기, 감아코 2, 뒤판의 첫 코와 마지막 코 안뜨기, 나머지 무늬대로 뜨기, 마커 걸기(시작점), 감아코 2

2. 겨드랑이에서 새로 만들어진 코는 안뜨기로 뜬다. 총 160(192, 224)코가 된다.
3. 앞판과 뒤판을 합친 곳(겨드랑이)에서부터 24cm 또는 원하는 길이가 될 때까지 무늬대로 뜬다.

<u>몸통 고무단</u>

1. 다음 단을 반복하여 2코 고무뜨기를 5cm 정도 뜨고 코를 막는다.

    다음 단 안뜨기 1, 마지막 3코 남을 때까지 *겉뜨기 2, 안뜨기 2* 반복, 겉뜨기 2, 안뜨기 1

카디건 지침

앞판과 뒤판 합치기

- 왼쪽 앞판의 겉면을 마주 보고 앞판과 뒤판을 다음과 같이 합친다.

    연결 단 왼쪽 앞판의 마지막 코 안뜨기, 나머지 무늬대로 뜨기, 감아코 2, 뒤판의 첫 코와 마지막 코는 안뜨기, 나머지 무늬대로 뜨기, 감아코 2, 오른쪽 앞판의 첫 코 안뜨기, 나머지 무늬대로 뜨기

- 계속해서 평면뜨기 하며 몸통을 뜬다. 겨드랑이에 새로 만들어진 코는 안뜨기로 뜬다. 총 158(190, 222)코가 된다.

- 앞판과 뒤판이 합친 곳(겨드랑이)에서부터 24cm 또는 원하는 길이가 될 때까지 무늬대로 뜬다. 마지막 단은 안면을 뜨고 끝난다.

몸통 고무단

- 첫 코와 마지막 코는 메리야스뜨기를 유지하며 나머지 코들은 2코 고무뜨기로 뜬다.

    1단(겉면) 겉뜨기 1, K2TOG, 겉뜨기 1, 마지막 4코 남을 때까지 무늬대로 뜨기, 겉뜨기 1, K2TOG, 겉뜨기 1
    2단(안면) 안뜨기 1, 마지막 3코 남을 때까지 *안뜨기 2, 겉뜨기 2* 반복, 안뜨기 3
    3단 겉뜨기 1, 마지막 3코 남을 때까지 *겉뜨기 2, 안뜨기 2* 반복, 겉뜨기 3

- 2~3단을 반복하여 2코 고무뜨기를 5cm 정도 뜨고 코를 막는다.

STEP 4

소매

소매

1. 겨드랑이 2코 중 왼쪽의 1코를 줍고 진동 둘레를 따라 56(64, 72)코를 줍고 다시 겨드랑이에서 남은 1코를 줍는다. 마커를 걸어 시작점을 표시하고 원통뜨기 한다. 총 58(66, 74)코가 된다.

   1단 겉뜨기 3, 마지막 7코 남을 때까지 단 끝까지 *안뜨기 4, 겉뜨기 4* 반복, 안뜨기 4, 겉뜨기 3

2. 1단에서 만들어진 무늬대로 소매를 뜨는데 10(8, 6)번째 단마다 코를 다음과 같이 줄인다.

   코 줄임 단 겉뜨기 2, SSK, 마지막 4코 남을 때까지 무늬대로 뜨기, K2TOG, 겉뜨기 2

3. 코 줄임을 총 7(9, 11)번 하고 소매 길이가 겨드랑이에서 38cm 또는 원하는 길이가 될 때까지 무늬대로 뜬다. 총 44(48, 52)코가 된다.

소매 고무단

1. 다음 지침을 반복하여 2코 고무뜨기를 5cm 정도 될 때까지 뜨고 코를 막는다.

   S(-, L)   안뜨기 1, 마지막 3코 남을 때까지 *겉뜨기 2, 안뜨기 2* 반복, 겉뜨기 2, 안뜨기 1
   -(M, -)   겉뜨기 1, 마지막 3코 남을 때까지 *안뜨기 2, 겉뜨기 2* 반복, 안뜨기 2, 겉뜨기 1

STEP 5

목 단

목 단(넥밴드)

1. 5.5mm 바늘로 뒷목 오른쪽에서 시작해서 코를 줍는다.

2. 뒷목에서 22(22, 26)코, 앞목까지 15(15, 17)코, 앞목에서 12(12, 16)코, 뒷목까지 15(15, 17)코를 줍는다. 마커를 걸어 시작점을 표시하고 원통뜨기 한다. 총 64(64, 76)코가 된다.

3. *겉뜨기 2, 안뜨기 2*를 반복하여 2코 고무뜨기를 5cm 정도 뜨고 느슨하게 코를 막는다.

카디건 지침

왼쪽 버튼 밴드

- 카디건의 겉면을 마주 보고 5.5mm 바늘로 목둘레선에서 시작해서 앞섶을 따라 3단 중 2코를 줍고 감아코 1코를 만든다. 총 콧수는 4의 배수가 되게 한다.

  1단(안면) 실 앞 걸러뜨기, 마지막 3코 남을 때까지 *안뜨기 2, 겉뜨기 2* 반복, 안뜨기 3
  2단(겉면) 겉뜨기 3, 마지막 1코 남을 때까지 *안뜨기 2, 겉뜨기 2* 반복, 겉뜨기 1

- 1~2단을 반복하여 2코 고무뜨기를 5cm 정도 뜨고 코를 막는다.

오른쪽 버튼 밴드

- 카디건의 겉면을 마주 보고 5.5mm 바늘로 감아코 1코를 만들고 몸통 고무단에서 시작해서 앞섶을 따라 3단 중 2코를 줍는다. 총 콧수는 4의 배수가 되게 한다.

  1단(안면) 안뜨기 3, 마지막 1코 남을 때까지 *겉뜨기 2, 안뜨기 2* 반복, 안뜨기 1
  2단(겉면) 실 뒤 걸러뜨기, 마지막 3코 남을 때까지 *겉뜨기 2, 안뜨기 2* 반복, 겉뜨기 3

- 1~2단을 반복하여 2코 고무뜨기를 5cm 정도 뜨고 코를 막는데 2cm 정도 떴을 때 단춧구멍을 만든다.

목 단(넥밴드)

- 카디건의 겉면을 마주 보고 5.5mm 바늘로 감아코 1코를 만들고 오른쪽 버튼 밴드에서 6코, 뒷목까지 18(18, 20)코, 뒷목에서 22(22, 26)코, 왼쪽 버튼 밴드까지 18(18, 20)코, 왼쪽 버튼 밴드에서 6코를 줍고 감아코 1코를 만든다. 총 72(72, 80)코가 된다.

  1단(안면) 실 앞 걸러뜨기, 마지막 3코 남을 때까지 *안뜨기 2, 겉뜨기 2* 반복, 안뜨기 3
  2단(겉면) 실 뒤 걸러뜨기, 마지막 3코 남을 때까지 *겉뜨기 2, 안뜨기 2* 반복, 겉뜨기 3

- 1~2단을 반복하여 2코 고무뜨기를 5cm 정도 뜨고 코를 막는데 2cm 정도 떴을 때 오른쪽에 단춧구멍을 만든다.

Adore Rib Sweater & Cardigan

어도어립 스웨터 & 카디건

작품 개요

메리야스뜨기와 가터뜨기의 조합을 브로큰립 스티치라 부릅니다. 무난하면서도 밋밋하지 않은 디자인으로 많은 뜨개인이 꾸준히 찾는 스웨터랍니다. 스웨터 만드는 법 중간에 소개되는 '카디건 지침'을 따르면 한 가지 도안으로 스웨터와 카디건 모두를 완성할 수 있습니다.

사이즈 선택하기

어도어립 스웨터는 가슴둘레에서 20~25cm 정도 여유분을 두는 게 좋습니다. 모델은 스웨터 S 사이즈, 카디건 M 사이즈를 착용했습니다.

기본 정보

사이즈	XS(S, M, L)(XL, 2XL, 3XL)
가슴둘레	95(106, 114, 122)(133, 140, 148)cm
게이지	21코 31단 ｜ 4mm 바늘 ｜ 브로큰립 스티치
실	스웨터 니팅 포 올리브의 메리노와 실크 모헤어 실 한 쌍 카디건 파인아트얀의 질롱울 2합
소요량	950(1050, 1170, 1260)(1380, 1460, 1540)m
바늘	4mm, 3.5mm

STEP 1 뒤판

어깨

1. 4mm 바늘로 97(109, 117, 125)(137, 145, 153)코를 잡고 실을 자른다.
2. 편물을 돌리지 않고 바늘의 오른쪽으로 코들을 밀어 옮긴다. 양 끝에서 각 33(37, 41, 45)(49, 53, 57)번째 코에 개방형 마커를 걸어 앞판 코 주울 위치를 미리 표시한다.
3. 어깨 경사를 다음과 같이 만든다.

   1단(겉면) 첫 32(36, 40, 44)(48, 52, 56)코 오른쪽 바늘로 옮기기, 다음 코에 새 실을 걸어 겉뜨기 33(37, 37, 37)(41, 41, 41), 편물 돌리기
   2단(안면) DS 만들기, *안뜨기 3, 겉뜨기 1* 9(10, 10, 10)(11, 11, 11)번 반복, 편물 돌리기
   3단 DS 만들기, DS까지 겉뜨기, DS 뜨기, 겉뜨기 4, 편물 돌리기
   4단 DS 만들기, DS까지 *안뜨기 3, 겉뜨기 1* 반복, DS 겉뜨기로 뜨기, 안뜨기 3, 겉뜨기 1, 편물 돌리기

4. 계속해서 양쪽 바늘에 각 4코가 남을 때까지 3~4단을 반복하여 4코 단위로 경사뜨기 한다.

   다음 단(안면) DS 만들기, DS까지 *안뜨기 3, 겉뜨기 1* 반복, DS 겉뜨기로 뜨기, 안뜨기 4
   다음 단(겉면) DS까지 겉뜨기, DS 뜨기, 겉뜨기 4

진동

1. 뒤판의 진동 길이가 14(14.5, 16, 16.5)(17, 18.5, 18.5)cm 정도 될 때까지 무늬대로 뜬다. 마지막 단은 안면을 뜨고 끝난다. 실을 자르고 뒤판을 잠시 쉬게 한다.

STEP 2 앞판

왼쪽 앞판

1. 스웨터는 왼쪽 앞판을 먼저 뜨고 카디건은 오른쪽 앞판을 먼저 뜬다. 카디건은 카디건 지침을 먼저 읽은 다음 시작한다.
2. 뒤판의 겉면을 마주 보고 코 잡은 곳을 위로 오게 한 다음 코를 줍는다. 뒷목의 왼쪽 개방형 마커가 걸린 코부터 시작해서 왼쪽 끝까지 33(37, 41, 45)(49, 53, 57)코를 줍는다.
3. 마커를 제거하고 다음과 같이 뜬다.

    1단(안면) 안뜨기 1, 마지막 4코 남을 때까지 *안뜨기 3, 겉뜨기 1* 반복, 안뜨기 4
    2단(겉면) 단 끝까지 겉뜨기

4. 1~2단을 7(7, 7, 7)(8, 8, 8)번 더 반복한 뒤 1단만 1번 더 반복한다. 총 17(17, 17, 17)(19, 19, 19)단이 된다.

목둘레선 세이핑

1. 목둘레선 세이핑을 다음과 같이 한다.

    1단(겉면) 겉뜨기 1, M1L, 단 끝까지 겉뜨기
    2단(안면) 단 끝까지 무늬대로 뜨기

2. 1~2단을 4번 더 반복한다.

    11단(겉면) 단 끝까지 겉뜨기
    12단(안면) 단 끝까지 무늬대로 뜨기, 감아코 3(3, 3, 3)(4, 4, 4)

3. 총 41(45, 49, 53)(58, 62, 66)코가 된다. 실을 자르고 왼쪽 앞판을 잠시 쉬게 한다.

오른쪽 앞판

1. 뒤판의 겉면을 마주 보고 코 잡은 곳을 위로 오게 한 다음 코를 줍는다. 오른쪽 끝에서부터 시작해서 뒷목의 오른쪽 개방형 마커가 걸린 코까지 33(37, 41, 45)(49, 53, 57)코를 줍는다.
2. 마커를 제거하고 다음과 같이 뜬다.

    1단(안면) 안뜨기 1, 마지막 4코 남을 때까지 *안뜨기 3, 겉뜨기 1* 반복, 안뜨기 4
    2단(겉면) 단 끝까지 겉뜨기

3. 1~2단을 7(7, 7, 7)(8, 8, 8)번 더 반복한 뒤 1단만 1번 더 반복한다. 총 17(17, 17, 17)(19, 19, 19)단이 된다.

목둘레선 셰이핑

1. 목둘레선 셰이핑을 다음과 같이 한다.

    1단(겉면) 마지막 1코 남을 때까지 겉뜨기, M1R, 겉뜨기 1
    2단(안면) 단 끝까지 무늬대로 뜨기

2. 1~2단을 4번 더 반복한다.

    11단(겉면) 단 끝까지 겉뜨기, 감아코 3(3, 3, 3)(4, 4, 4)
    12단(안면) 단 끝까지 무늬대로 뜨기

3. 총 41(45, 49, 53)(58, 62, 66)코가 된다.

앞판 합치기

1. 오른쪽과 왼쪽 앞판을 다음과 같이 합친다.

    연결 단 오른쪽 앞판의 단 끝까지 겉뜨기, 감아코 15(19, 19, 19)(21, 21, 21), 왼쪽 앞판의 단 끝까지 겉뜨기

2. 총 97(109, 117, 125)(137, 145, 153)코가 된다. 더 이상 코를 늘리지 않고 앞판의 길이가 코 주운 곳에서부터 22(24, 25.5, 27.5)(29.5, 30.5, 32)cm 정도 될 때까지 무늬대로 뜬다. 새로 만든 코들도 무늬대로 뜨고 마지막 단은 안면을 뜨고 끝난다.

카디건 지침

오른쪽 앞판

- 스웨터 지침의 오른쪽 앞판에서 목둘레선 셰이핑 구간 12단까지 뜨고 다음과 같이 진행한다.

    13단(겉면) 단 끝까지 겉뜨기, 감아코 13(15, 15, 15)(16, 16, 16)

- 총 54(60, 64, 68)(74, 78, 82)코가 된다. 더 이상 코를 늘리지 않고 오른쪽 앞판의 길이가 코 주운 곳에서부터 22(24, 25.5, 27.5)(29.5, 30.5, 32)cm 정도 될 때까지 무늬대로 뜬다. 새로 만든 코들도 무늬대로 뜨고 마지막 9코는 오른쪽 버튼 밴드 지침대로 뜬다. 마지막 단은 안면을 뜨고 끝난다. 실을 자르고 오른쪽 앞판을 잠시 쉬게 한다.

오른쪽 버튼 밴드

- 마지막 9코는 버튼 밴드가 된다. 오른쪽 버튼 밴드는 카디건이 끝날 때까지 다음과 같이 뜬다.

    1단(안면) 실 앞 걸러뜨기, *안뜨기 1, 겉뜨기 1* 4번 반복
    2단(겉면) *안뜨기 1, 겉뜨기 1* 4번 반복, 겉뜨기 1

- 오른쪽 버튼 밴드에는 단춧구멍을 만드는데 목 단에서 단춧구멍이 만들어질 걸 고려해 목둘레선에서 6cm가 되었을 때 1번째 단춧구멍을 만들고 나머지 단춧구멍은 7cm마다 만든다.

    단춧구멍(안면) 실 앞 걸러뜨기, *안뜨기 1, 겉뜨기 1* 2번 반복, 바늘비우기, P2TOG, 안뜨기 1, 겉뜨기 1

왼쪽 앞판

- 스웨터 지침의 왼쪽 앞판에서 목둘레선 셰이핑 구간 12단까지 뜨고 다음과 같이 진행한다.

    13단(겉면) 단 끝까지 겉뜨기
    14단(안면) 단 끝까지 무늬대로 뜨기, 감아코 13(15, 15, 15)(16, 16, 16)

- 총 54(60, 64, 68)(74, 78, 82)코가 된다. 더 이상 코를 늘리지 않고 왼쪽 앞판의 길이가 코 주운 곳에서부터 22(24, 25.5, 27.5)(29.5, 30.5, 32)cm 정도 될 때까지 무늬대로 뜬다. 새로 만든 코들도 무늬대로 뜨고 첫 9코는 왼쪽 버튼 밴드 지침대로 뜬다. 마지막 단은 안면을 뜨고 끝난다.

왼쪽 버튼 밴드

- 첫 9코는 버튼 밴드가 된다. 왼쪽 버튼 밴드는 카디건이 끝날 때까지 다음과 같이 뜬다.

    1단(겉면) 실 뒤 걸러뜨기, *겉뜨기 1, 안뜨기 1* 4번 반복
    2단(안면) *겉뜨기 1, 안뜨기 1* 4번 반복, 안뜨기 1

- 오른쪽 버튼 밴드에서 단춧구멍을 만드는 단과 같은 단에 개방형 마커를 걸어 나중에 단추가 달릴 위치를 미리 표시한다.

STEP 3 몸통

앞판과 뒤판 합치기

1. 앞판과 뒤판을 다음과 같이 합친다.

   연결 단 앞판의 단 끝까지 겉뜨기, 감아코 3, 뒤판의 단 끝까지 겉뜨기, 마커 걸기(시작점), 감아코 3

2. 총 200(224, 240, 256)(280, 296, 312)코가 된다. 이제 원통뜨기를 한다.

   1단 안뜨기 1, 마지막 3코 남을 때까지 *겉뜨기 3, 안뜨기 1* 반복, 겉뜨기 3
   2단 단 끝까지 겉뜨기

3. 1~2단을 반복하여 앞판과 뒤판을 합친 곳(겨드랑이)에서부터 25cm 또는 원하는 길이가 될 때까지 뜬다. 새로 만든 겨드랑이 코들은 무늬대로 뜬다.

몸통 고무단

1. 3.5mm 바늘로 바꿔서 *겉뜨기 1, 안뜨기 1*을 반복하여 1코 고무뜨기를 5cm 정도 뜨고 코를 막는다.

만드는 법

카디건 지침

앞판과 뒤판 합치기

- 카디건은 앞판과 뒤판을 합치고 무늬대로 평면뜨기 한다.
- 앞판과 뒤판을 다음과 같이 합친다.

    연결 단 왼쪽 앞판의 단 끝까지 겉뜨기, 감아코 3, 뒤판의 단 끝까지 겉뜨기, 감아코 3, 오른쪽 앞판의 단 끝까지 겉뜨기

- 총 211(235, 251, 267)(291, 307, 323)코가 된다. 새로 만든 겨드랑이 코들은 무늬대로 뜨고 5번째 단춧구멍을 만들 때까지 뜬다. 5번째 단춧구멍을 만든 뒤 3cm 정도 더 뜨는데 마지막 단은 안면을 뜨고 끝난다.

몸통 고무단

- 3.5mm 바늘로 몸통 고무단을 뜬다.

    1단(겉면) 실 뒤 걸러뜨기, 마지막 2코 남을 때까지 *겉뜨기 1, 안뜨기 1* 반복, 겉뜨기 2
    2단(안면) 실 앞 걸러뜨기, 마지막 2코 남을 때까지 *안뜨기 1, 겉뜨기 1* 반복, 안뜨기 2

- 1~2단을 반복하여 1코 고무뜨기를 뜨는데 4cm 정도가 되었을 때 마지막 단춧구멍을 만들고 1.5cm를 더 뜬 뒤 코를 막는다.

소매

소매

1. 겨드랑이 가운데에서 2코를 줍고 진동 둘레를 따라 73(77, 85, 89)(93, 97, 101)코를 줍고 다시 겨드랑이에서 1코를 줍는다. 마커를 걸어 시작점을 표시하고 원통뜨기 한다. 총 76(80, 88, 92)(96, 100, 104)코가 된다.

   1단 겉뜨기 2, 마지막 2코 남을 때까지 *안뜨기 1, 겉뜨기 3* 반복, 안뜨기 1, 겉뜨기 1
   2단 단 끝까지 겉뜨기

2. 1~2단을 반복하여 소매를 뜨는데 8(8, 8, 8)(8, 6, 6)번째 단마다 코를 다음과 같이 줄인다.

   코 줄임 단 겉뜨기 1, SSK, 마지막 2코 남을 때까지 겉뜨기, K2TOG

3. 코 줄임을 총 13(13, 14, 14)(14, 18, 19)번 하고 소매 길이가 겨드랑이에서 38cm 또는 원하는 길이가 될 때까지 무늬대로 뜬다. 총 50(54, 60, 64)(68, 64, 66)코가 된다.

4. 3.5mm 바늘로 바꿔서 다음 단을 겉뜨기하며 균일하게 6(8, 10, 10)(12, 8, 10)코를 줄인다. 총 44(46, 50, 54)(56, 56, 56)코가 된다.

소매 고무단

1. *겉뜨기 1, 안뜨기 1*을 반복하여 1코 고무뜨기를 5cm 정도 뜨고 코를 막는다.

STEP 5 마무리

목 단(넥밴드)

1. 스웨터의 겉면을 마주 보고 3.5mm 바늘로 뒷목 오른쪽에서 시작해서 코를 줍는다.
2. 뒷목에서 31(35, 35, 35)(39, 39, 39)코, 앞목까지 23(23, 23, 23)(25, 25, 25)코, 앞목에서 15(19, 19, 19)(21, 21, 21)코, 뒷목까지 23(23, 23, 23)(25, 25, 25)코를 줍는다. 총 92(100, 100, 100)(110, 110, 110)코가 된다.
3. *겉뜨기 1, 안뜨기 1*을 반복하여 1코 고무뜨기를 3cm 정도 뜨고 느슨하게 코를 막는다.

카디건 지침

- 카디건의 겉면을 마주 보고 3.5mm 바늘로 오른쪽 버튼 밴드에서 9코, 뒷목까지 27(28, 29, 29)(32, 32, 32)코, 뒷목에서 31(35, 35, 35)(39, 39, 39)코, 왼쪽 버튼 밴드까지 27(28, 29, 29)(32, 32, 32)코, 왼쪽 버튼 밴드에서 9코를 줍는다. 총 103(109, 111, 111)(121, 121, 121)코가 된다.

  1단(안면) 실 앞 걸러뜨기, 마지막 2코 남을 때까지 *안뜨기 1, 겉뜨기 1* 반복, 안뜨기 2
  2단(겉면) 실 뒤 걸러뜨기, 마지막 2코 남을 때까지 *겉뜨기 1, 안뜨기 1* 반복, 겉뜨기 2

- 1~2단을 반복하여 3cm 정도 뜨고 코를 막는데 목 단이 1~1.5cm가 되었을 때 오른쪽에서 단춧구멍을 만든다.

  단춧구멍(안면) 마지막 7코 남을 때까지 *겉뜨기 1, 안뜨기 1* 반복, K2TOG, 바늘비우기, *겉뜨기 1, 안뜨기 1* 2번 반복, 안뜨기 1

Daenggi Cardigan & Sweater

댕기 머리 카디건 & 스웨터

작품 개요

댕기 머리 카디건은 메리야스 편물 위에 꽈배기 무늬가 여성스러우면서도 귀여운 디자인인데요. 전체적으로 동글동글한 외형이 매우 사랑스럽습니다. 카디건 만드는 법 중간에 소개되는 '스웨터 지침'을 따르면 한 가지 도안으로 카디건과 스웨터 모두를 완성할 수 있습니다.

사이즈 선택하기

댕기 머리 카디건은 체형에 잘 맞는 사이즈가 좋습니다. 가슴둘레보다 15cm 정도 여유분을 두고 사이즈를 선택합니다. 가슴둘레가 90cm라면 M, L 사이즈 중에서 선택할 수 있습니다. 모델은 카디건 S 사이즈, 스웨터 M 사이즈를 착용했습니다.

기본 정보

사이즈	XS(S, M, L, XL)(2XL, 3XL, 4XL, 5XL)
가슴둘레	90(94.5, 100, 104.5, 112)(119.5, 127, 132, 137)cm
게이지	16코 25단 ｜ 5mm 바늘 ｜ 메리야스뜨기
실	카디건 데 레룸 나투라의 질리아트 실
	스웨터 니팅 포 올리브의 실크 모헤어와 더 파이버 코의 시로 실 한 쌍
소요량	810(875, 920, 980, 1050)(1090, 1170, 1220, 1290)m
바늘	5mm, 4.5mm

STEP 1

뒤판

<u>어깨</u>

1. 5mm 바늘로 72(74, 76, 80, 84)(88, 92, 94, 96)코를 잡고 실을 자른다.
2. 편물을 돌리지 않고 바늘에 걸린 코들을 바늘의 오른쪽으로 밀어서 다음과 같이 뜬다.

   1단(겉면) 첫 24(25, 25, 26, 28)(30, 30, 31, 31)코를 오른쪽 바늘로 옮기기, 마커 걸기(무늬 마커), 겉뜨기 24(24, 26, 28, 28)(28, 32, 32, 34), 마커 걸기(무늬 마커), 겉뜨기 9, 편물 돌리기

3. 무늬 마커 사이의 24(24, 26, 28, 28)(28, 32, 32, 34)코 중 첫 번째와 마지막 코에 개방형 마커를 걸어 앞판 코 주울 위치를 미리 표시한다.

   2단(안면) DS 만들기, 안뜨기 41(41, 43, 45, 45)(45, 49, 49, 51), 편물 돌리기
   3단 DS 만들기, DS까지 겉뜨기, DS 뜨기, 겉뜨기 9, 편물 돌리기
   4단 DS 만들기, DS까지 안뜨기, DS 뜨기, 안뜨기 9, 편물 돌리기
   5단 DS 만들기, DS까지 겉뜨기, DS 뜨기, 겉뜨기 3(4, 4, 4, 5)(6, 6, 7, 7), 편물 돌리기
   6단 DS 만들기, DS까지 안뜨기, DS 뜨기, 안뜨기 3(4, 4, 4, 5)(6, 6, 7, 7), 편물 돌리기
   7단 DS 만들기, DS까지 겉뜨기, DS 뜨기, 단 끝까지 겉뜨기
   8단 DS까지 안뜨기, DS 뜨기, 단 끝까지 안뜨기

<u>진동</u>

1. 무늬뜨기를 다음과 같이 시작한다.

   셋업 단(겉면) 무늬 마커 앞 18코 남기고 겉뜨기, 마커 걸기, 다음 18코 기호 도안 A의 1단부터 시작, 마커 넘기기, 무늬 마커까지 뒷목 겉뜨기, 마커 넘기기, 다음 18코 기호 도안 B의 1단부터 시작, 마커 걸기, 단 끝까지 겉뜨기

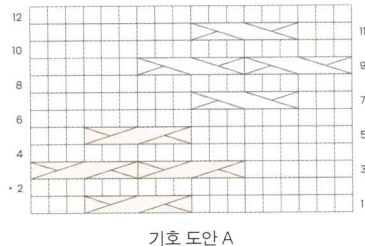
기호 도안 A

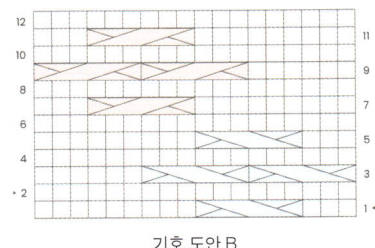
기호 도안 B

2. 지금까지 무늬 위치를 표시하는 마커가 총 4개 걸려 있고 어깨 코 주울 위치를 표시하는 개방형 마커가 총 2개 걸려 있다. 무늬 마커 안쪽의 18코는 기호 도안을 따라 뜨고 나머지 코들은 모두 메리야스뜨기 한다.

3. 뒤판의 진동 길이가 15.5(15.5, 15.5, 17, 18)(17, 17, 17, 18)cm 정도 될 때까지 평면뜨기 한다. 마지막 단은 안면을 뜨고 끝나는데 마지막 무늬를 뜬 단수를 적어 놓는다.

4. 진동 코 늘림을 다음과 같이 진행한다.

    1단(겉면) 겉뜨기 1, M1L, 마지막 1코 남을 때까지 무늬대로 뜨기, M1R, 겉뜨기 1
    2단(안면) 단 끝까지 안뜨기

5. 1~2단을 1(2, 3, 3, 3)(4, 5, 6, 6)번 더 반복한다.

    다음 단(겉면) 단 끝까지 무늬대로 뜨기, 감아코 3
    다음 단(안면) 단 끝까지 안뜨기, 감아코 3

6. 실을 자르고 뒤판을 잠시 쉬게 한다. 총 82(86, 90, 94, 98)(104, 110, 114, 116)코가 된다.

STEP 2 앞판

오른쪽 앞판

1. 카디건은 오른쪽 앞판을 먼저 뜨고 스웨터는 왼쪽 앞판을 먼저 뜬다. 스웨터는 스웨터 지침을 먼저 읽은 다음 시작한다.
2. 뒤판의 겉면을 마주 보고 코 잡은 곳을 위로 오게 한 다음 오른쪽 끝에서부터 시작해서 뒷목의 오른쪽 개방형 마커가 걸린 코까지 25(26, 26, 27, 29)(31, 31, 32, 32)코를 줍고 다음과 같이 경사뜨기 한다(개방형 마커는 제거한다).

1단(안면) 안뜨기 9, 편물 돌리기
2, 4, 6단(겉면) DS 만들기, 단 끝까지 겉뜨기
3단 DS까지 안뜨기, DS 뜨기, 안뜨기 9, 편물 돌리기
5단 DS까지 안뜨기, DS 뜨기, 안뜨기 3(4, 4, 4, 5)(6, 6, 7, 7), 편물 돌리기
7단 DS까지 안뜨기, DS 뜨기, 단 끝까지 안뜨기
8단 단 끝까지 겉뜨기
9단 단 끝까지 안뜨기

진동

1. 무늬뜨기를 다음과 같이 시작한다.

   1단(겉면) 마지막 19코 남을 때까지 겉뜨기, 마커 걸기, 다음 18코 기호 도안 A의 1단부터 시작, 마커 걸기, 겉뜨기 1
   2, 4, 6단(안면) 단 끝까지 안뜨기
   3단 마커까지 겉뜨기, 마커 넘기기, 무늬뜨기, 마커 넘기기, 단 끝까지 겉뜨기
   5단 마커까지 겉뜨기, 마커 넘기기, 무늬뜨기, 마커 넘기기, 마지막 1코 남을 때까지 겉뜨기, M1R, 겉뜨기 1

2. 3~6단을 반복하여 브이넥 코 늘림을 8(8, 9, 10, 10)(10, 12, 12, 13)번 더 하는데 동시에 오른쪽 앞판의 진동 길이가 15.5(15.5, 15.5, 17, 18)(17, 17, 17, 18)cm 정도 되었을 때 진동 코 늘림을 다음과 같이 한다.

    1단(겉면)   겉뜨기 1, M1L, 단 끝까지 무늬대로 뜨기
    2단(안면)   단 끝까지 안뜨기

3. 1~2단을 1(2, 3, 3, 3)(4, 5, 6, 6)번 더 반복한다.

    다음 단(겉면)   단 끝까지 무늬대로 뜨기
    다음 단(안면)   단 끝까지 안뜨기, 감아코 3

4. 실을 자르고 오른쪽 앞판을 잠시 쉬게 한다. 총 39(41, 43, 45, 47)(50, 53, 55, 56)코가 된다.

왼쪽 앞판

1. 뒤판의 겉면을 마주 보고 코 잡은 곳을 위로 오게 한 다음 뒷목의 왼쪽 개방형 마커가 걸린 코부터 시작해서 왼쪽 끝까지 25(26, 26, 27, 29)(31, 31, 32, 32)코를 줍고 다음과 같이 경사뜨기 한다.

    1단(안면)   단 끝까지 안뜨기
    2단(겉면)   겉뜨기 9, 편물 돌리기
    3, 5, 7단   DS 만들기, 단 끝까지 안뜨기
    4단   DS까지 겉뜨기, DS 뜨기, 겉뜨기 9, 편물 돌리기
    6단   DS까지 겉뜨기, DS 뜨기, 겉뜨기 3(4, 4, 4, 5)(6, 6, 7, 7), 편물 돌리기
    8단   DS까지 겉뜨기, DS 뜨기, 단 끝까지 겉뜨기
    9단   단 끝까지 안뜨기

진동

1. 무늬뜨기를 다음과 같이 시작한다.

    1단(겉면) 겉뜨기 1, 마커 걸기, 다음 18코 기호 도안 B의 1단부터 시작, 마커 걸기, 단 끝까지 겉뜨기
    2, 4, 6단(안면) 단 끝까지 안뜨기
    3단 마커까지 겉뜨기, 마커 넘기기, 무늬뜨기, 마커 넘기기, 단 끝까지 겉뜨기
    5단 겉뜨기 1, M1L, 마커까지 겉뜨기, 마커 넘기기, 무늬대로 뜨기, 마커 넘기기, 단 끝까지 겉뜨기

2. 3~6단을 반복하여 브이넥 코 늘림을 8(8, 9, 10, 10)(10, 12, 12, 13)번 더 하는데 동시에 왼쪽 앞판의 진동 길이가 15.5(15.5, 15.5, 17, 18)(17, 17, 17, 18)cm정도 되었을 때 진동 코 늘림을 다음과 같이 한다.

    1단(겉면) 마지막 1코 남을 때까지 무늬대로 뜨기, M1R, 겉뜨기 1
    2단(안면) 단 끝까지 안뜨기

3. 1~2단을 1(2, 3, 3, 3)(4, 5, 6, 6)번 더 반복한다.

    다음 단(겉면) 단 끝까지 무늬대로 뜨기, 감아코 3
    다음 단(안면) 단 끝까지 안뜨기

> **스웨터 지침**
> - 카디건의 지침과 같이 왼쪽 앞판을 뜨는데 브이넥 코 늘림이 끝나면 안면까지 뜬 뒤 실을 자르고 잠시 쉬게 둔다. 오른쪽 앞판도 똑같이 브이넥 코 늘림이 끝나면 안면에서 끝난다. 실을 자르지 않고 그대로 오른쪽 앞판의 단 끝까지 뜨고 감아코 4코를 만든 뒤 왼쪽 앞판의 단 끝까지 이어서 뜬다.
> - 오른쪽 앞판과 왼쪽 앞판을 합친 상태로 뒤판과 같은 길이가 될 때까지 진동을 뜬다.

STEP 3

몸통

앞판과 뒤판 합치기

1. 앞판과 뒤판을 다음과 같이 합친다.

    연결 단 왼쪽 앞판의 단 끝까지 뜨기, 감아코 8(8, 8, 8, 10)(10, 10, 10, 12), 뒤판의 단 끝까지 뜨기, 감아코 8(8, 8, 8, 10)(10, 10, 10, 12), 오른쪽 앞판의 단 끝까지 뜨기

2. 총 176(184, 192, 200, 212)(224, 236, 244, 252)코가 된다. 앞판과 뒤판이 합친 곳(겨드랑이)에서부터 25cm 또는 원하는 길이보다 5cm 정도 짧게 뜬다. 마지막 단은 안면을 뜨고 끝난다.

> **스웨터 지침**
> - 앞판과 뒤판을 모두 합치고 원통뜨기 한다.
>   **연결 단** 앞판의 단 끝까지 뜨기, 감아코 8(8, 8, 8, 10)(10, 10, 10, 12), 뒤판의 단 끝까지 뜨기, 마커 걸기 (시작점), 감아코 8(8, 8, 8, 10)(10, 10, 10, 12)
> - 총 180(188, 196, 204, 216)(228, 240, 248, 256)코가 된다.

만드는 법

몸통 고무단

1. 4.5mm 바늘로 바꿔서 코를 다음과 같이 줄인다.
2. 1단을 뜨면서 뒤판 가운데에서 1코를 줄여 전체 콧수를 홀수로 만든다.

    1단(겉면) *무늬 마커까지 겉뜨기, 마커 제거, K2TOG 9, 마커 제거* 4번 반복, 단 끝까지 겉뜨기
    2단(안면) 안뜨기 1, 마지막 2코 남을 때까지 *안뜨기 1, 겉뜨기 1* 반복, 안뜨기 2
    3단 겉뜨기 1, 마지막 2코 남을 때까지 *겉뜨기 1, 안뜨기 1* 반복, 겉뜨기 2

3. 2~3단을 반복하여 1코 고무뜨기를 5cm 정도 뜨고 코를 막는다.

> **스웨터 지침**
>
> • 4.5mm 바늘로 바꿔서 코를 다음과 같이 줄인다.
>
>   **1단** *무늬 마커까지 겉뜨기, 마커 제거, K2TOG 9, 마커 제거* 4번 반복, 단 끝까지 겉뜨기
>   **2단** 단 끝까지 *겉뜨기 1, 안뜨기 1* 반복
>
> • 2단을 반복하여 1코 고무뜨기를 5cm 정도 뜨고 코를 막는다.

STEP 4

소매

소매

1. 겨드랑이 가운데에서 4(4, 4, 4, 5)(5, 5, 5, 6)코를 줍고 진동 둘레를 따라 균일하게 48(52, 54, 56, 56)(56, 58, 60, 62)코를 줍고 다시 겨드랑이에서 4(4, 4, 4, 5)(5, 5, 5, 6) 코를 줍는다. 마커를 걸어 시작점을 표시한다. 총 56(60, 62, 64, 66)(66, 68, 70, 74)코가 된다.

소매산 만들기

1. 경사뜨기 하여 소매산을 다음과 같이 만든다.

    1단(겉면) 겉뜨기 34(36, 38, 39, 40)(40, 41, 43, 45), 편물 돌리기
    2단(안면) DS 만들기, 안뜨기 11(11, 13, 13, 13)(13, 13, 13, 15), 편물 돌리기
    3단 DS 만들기, DS까지 겉뜨기, DS 뜨기, 겉뜨기 2, 편물 돌리기
    4단 DS 만들기, DS까지 안뜨기, DS 뜨기, 안뜨기 2, 편물 돌리기

2. 3~4단을 4(5, 5, 5, 5)(5, 5, 5, 5)번 더 반복한다.

    다음 단(겉면) DS 만들기, DS까지 겉뜨기, DS 뜨기, 겉뜨기 1, 편물 돌리기
    다음 단(안면) DS 만들기, DS까지 안뜨기, DS 뜨기, 안뜨기 1, 편물 돌리기

3. 두 단을 7(7, 7, 8, 8)(8, 9, 10, 10)번 더 반복한다.

    다음 단(겉면) DS 만들기, DS까지 겉뜨기, DS 뜨기, 단 끝까지 겉뜨기

4. 더 이상 편물을 돌리지 않고 겉면에서 겉뜨기하며 소매 길이가 겨드랑이에서 38(38, 38, 39, 39)(39, 40, 40, 40)cm 정도 될 때까지 메리야스뜨기 한다.

코 줄임

1. 사이즈별로 지침에 맞게 소매 코를 줄인다.

    XS(S, -, L, -)(-, 3XL, -, -)
    1단 *겉뜨기 12(13, -, 14, -)(-, 15, -, -), K2TOG* 4번 반복
    2단 단 끝까지 겉뜨기
    3단 *겉뜨기 11(12, -, 13, -)(-, 14, -, -), K2TOG* 4번 반복
    4단 단 끝까지 겉뜨기

    -(-, M, -, XL)(2XL, -, 4XL, 5XL)
    1단 겉뜨기 1, *겉뜨기 -(-, 13, -, 14)(14, -, 15, 15), K2TOG* 4번 반복, 겉뜨기 1
    2단 단 끝까지 겉뜨기
    3단 겉뜨기 1, *겉뜨기 -(-, 12, -, 13)(13, -, 14, 14), K2TOG* 4번 반복, 겉뜨기 1
    4단 단 끝까지 겉뜨기

소매 고무단

1. 4.5mm 바늘로 *겉뜨기 1, 안뜨기 1*을 반복하여 1코 고무뜨기를 3cm 정도 뜬다.

STEP 5 마무리

버튼 밴드

1. 카디건의 겉면을 마주 보고 4.5mm 바늘로 감아코 1코를 잡고 오른쪽 몸통 고무단에서 시작한다. 뒷목까지 4단 중 3코 또는 3단 중 2코를 줍고 뒷목에서 23(23, 25, 27, 27)(27, 31, 31, 33)코를 줍는다. 왼쪽 앞판도 오른쪽 앞판과 같은 수로 코를 줍고 감아코 1코를 만든다. 총 콧수는 홀수가 된다.

   1단(안면) 실 앞 걸러뜨기, 마지막 2코 남을 때까지 *안뜨기 1, 겉뜨기 1* 반복, 안뜨기 2
   2단(겉면) 실 뒤 걸러뜨기, 마지막 2코 남을 때까지 *겉뜨기 1, 안뜨기 1* 반복, 겉뜨기 2

2. 1~2단을 반복하여 1코 고무뜨기를 4cm 정도 뜬다. 오른쪽 버튼 밴드의 2cm 높이에서 단춧구멍을 만든다.

> **스웨터 지침**
>
> 목 단(넥밴드)
>
> - 스웨터의 겉면을 마주 보고 4.5mm 바늘로 뒤판의 가운데에서 시작해서 코를 줍는다. 브이넥 가운데 감아코 4코 앞까지 총 홀수로 코를 줍고 감아코에서 4코를 줍는데 4코의 중간에 마커를 걸어 중심을 표시한다(중심 마커). 오른쪽은 왼쪽보다 1코 적게 주워 뒷목까지 올라간다. 총 콧수는 홀수가 되게 한다. 마커를 걸어 시작점을 표시하고 원통뜨기 한다.
>
>   **1단** 중심 마커 앞 1코 남을 때까지 *겉뜨기 1, 안뜨기 1* 반복, 겉뜨기 1, 마커 넘기기, 단 끝까지 *겉뜨기 1, 안뜨기 1* 반복
>   **2단** 중심 마커 앞 2코 남을 때까지 무늬대로 뜨기, K2TOG, 마커 넘기기, SSK, 단 끝까지 무늬대로 뜨기
>   **3단** 1코 고무뜨기로 뜨는데 중심 마커 양옆 1코씩은 항상 겉뜨기
>
> - 2~3단을 3번 더 반복하고 코를 막는다.

만드는 법

Timeless Sweater & Cardigan

타임리스 스웨터 & 카디건

작품 개요

타임리스 스웨터는 유행을 타지 않는 디자인으로 어떤 스타일에도 잘 어울립니다. 셋인 슬리브 스타일로 체형에 딱 맞도록 디자인되었습니다. 다만 일반적인 셋인 슬리브 스타일보다 소매 둘레가 조금 크게 제작되었어요. 스웨터 만드는 법 중간에 소개되는 '카디건 지침'을 따르면 한 가지 도안으로 스웨터와 카디건 모두를 완성할 수 있습니다.

사이즈 선택하기

타임리스는 가슴둘레에서 10~15cm 정도 여유분을 두는 게 좋습니다. 모델은 카디건과 스웨터 모두 M 사이즈를 착용했습니다. 여성용으로 디자인되었지만, 남성에게도 잘 어울려요. 남성용은 몸통과 소매를 충분히 길게 뜨고 단춧구멍을 왼쪽 버튼 밴드에서 만들어 줍니다.

기본 정보

사이즈	XS(S, M, L, XL)(2XL, 3XL, 4XL, 5XL)
가슴둘레	88(94, 100, 106, 112)(118, 124, 130, 136)cm
게이지	20코 30단 ǀ 4mm 바늘 ǀ 메리야스뜨기
실	카디건 존 아르본 텍스타일의 데보니아와 비슈 에 부슈의 르 쁘띠 실크 앤 모헤어 실 한 쌍 스웨터 마요 간의 파인 메리노와 펄 모헤어 실 한 쌍
소요량	910(980, 1060, 1130, 1200)(1270, 1330, 1400, 1490)m
바늘	4mm, 3.5mm

STEP 1 뒤판

어깨

1. 4mm 바늘로 70(72, 74, 76, 80)(82, 84, 88, 90)코를 잡는다.
2. 오른쪽과 왼쪽 끝에서 각 19(19, 20, 20, 21)(22, 22, 24, 25)번째 코에 개방형 마커를 걸어 앞판 코 주울 위치를 미리 표시한다.

   1단(안면) 단 끝까지 안뜨기

3. 어깨 경사뜨기를 다음과 같이 진행한다.

   2단(겉면) 겉뜨기 51(53, 54, 56, 59)(60, 62, 64, 65), 편물 돌리기
   3단(안면) DS 만들기, 안뜨기 31(33, 33, 35, 37)(37, 39, 39, 39), 편물 돌리기
   4단 DS 만들기, DS까지 겉뜨기, DS 뜨기, 겉뜨기 4(4, 5, 5, 5)(5, 5, 6, 6), 편물 돌리기
   5단 DS 만들기, DS까지 안뜨기, DS 뜨기, 안뜨기 4(4, 5, 5, 5)(5, 5, 6, 6), 편물 돌리기
   6단 DS 만들기, DS까지 겉뜨기, DS 뜨기, 겉뜨기 5(5, 5, 5)(5, 5, 6, 6), 편물 돌리기
   7단 DS 만들기, DS까지 안뜨기, DS 뜨기, 안뜨기 5(5, 5, 5)(5, 5, 6, 6), 편물 돌리기
   8단 DS 만들기, DS까지 겉뜨기, DS 뜨기, 겉뜨기 5(5, 5, 5)(6, 6, 6, 6), 편물 돌리기
   9단 DS 만들기, DS까지 안뜨기, DS 뜨기, 안뜨기 5(5, 5, 5)(6, 6, 6, 6), 편물 돌리기
   10단 DS 만들기, DS까지 겉뜨기, DS 뜨기, 겉뜨기 5(5, 5, 5, 6)(6, 6, 6, 7)
   11단 DS까지 안뜨기, DS 뜨기, 안뜨기 5(5, 5, 5, 6)(6, 6, 6, 7)

진동

1. 뒤판의 진동 길이가 15.5(15.5, 16, 16, 17.5)(17.5, 17.5, 19, 19.5)cm 정도 될 때까지 평면 뜨기 한다. 마지막 단은 안면을 뜨고 끝난다.

2. 진동 코 늘림을 다음과 같이 진행한다.

    1단(겉면) 겉뜨기 1, M1L, 마지막 1코 남을 때까지 겉뜨기, M1R, 겉뜨기 1
    2단(안면) 단 끝까지 안뜨기

3. 1~2단을 2(3, 4, 5, 5)(6, 7, 6, 7)번 더 반복한다.

    다음 단(겉면) 단 끝까지 겉뜨기, 감아코 3(3, 3, 3, 3)(3, 3, 4, 4)
    다음 단(안면) 단 끝까지 안뜨기, 감아코 3(3, 3, 3, 3)(3, 3, 4, 4)

4. 실을 자르고 뒤판은 잠시 쉬게 한다. 총 82(86, 90, 94, 98)(102, 106, 110, 114)코가 된다.

STEP 2 앞판

왼쪽 앞판

1. 스웨터는 왼쪽 앞판을 먼저 뜨고 카디건은 오른쪽 앞판을 먼저 뜬다. 카디건은 카디건 지침을 먼저 읽은 다음 시작한다.

2. 뒤판의 겉면을 마주 보고 코 잡은 곳을 위로 오게 한 다음 코를 줍는다. 뒷목의 왼쪽 개방형 마커가 걸린 코부터 시작해서 왼쪽 끝까지 19(19, 20, 20, 21)(22, 22, 24, 25)코를 줍는다. 마커는 제거하고 다음과 같이 경사뜨기 한다.

   1단(안면) 단 끝까지 안뜨기
   2단(겉면) 겉뜨기 4(4, 5, 5, 5)(5, 5, 6, 6), 편물 돌리기
   3, 5, 7단 DS 만들기, 단 끝까지 안뜨기
   4단 DS까지 겉뜨기, DS 뜨기, 겉뜨기 5(5, 5, 5, 5)(5, 5, 6, 6), 편물 돌리기
   6단 DS까지 겉뜨기, DS 뜨기, 겉뜨기 5(5, 5, 5, 5)(6, 6, 6, 6), 편물 돌리기
   8단 DS까지 겉뜨기, DS 뜨기, 겉뜨기 5(5, 5, 5, 6)(6, 6, 6, 7)
   9단 단 끝까지 안뜨기

3. 목둘레 코 늘림(1)을 다음과 같이 진행한다.

   1단(겉면) 겉뜨기 1, M1L, 단 끝까지 겉뜨기
   2~4단 메리야스뜨기

4. 1~4단을 2(2, 2, 2, 2)(3, 3, 3, 3)번 더 반복한다.

5. 목둘레 코 늘림(2)을 다음과 같이 진행한다.

    1단(겉면) 겉뜨기 1, M1L, 단 끝까지 겉뜨기
    2단(안면) 단 끝까지 안뜨기

6. 1~2단을 1(2, 2, 2, 3)(2, 2, 2, 2)번 더 반복한다.

    다음 단(겉면) 단 끝까지 겉뜨기
    다음 단(안면) 단 끝까지 안뜨기, 감아코 3

7. 실을 자르고 왼쪽 앞판은 잠시 쉬게 한다. 총 27(28, 29, 29, 31)(32, 32, 34, 35)코가 된다.

오른쪽 앞판

1. 뒤판의 겉면을 마주 보고 코 잡은 곳을 위로 오게 한 다음 코를 줍는다. 오른쪽 끝에서부터 시작해서 뒷목의 오른쪽 개방형 마커가 걸린 코까지 19(19, 20, 20, 21)(22, 22, 24, 25)코를 줍는다. 마커는 제거하고 다음과 같이 경사뜨기 한다.

    1단(안면) 단 끝까지 안뜨기
    2단(겉면) 단 끝까지 겉뜨기
    3단 안뜨기 4(4, 5, 5, 5)(5, 5, 6, 6), 편물 돌리기
    4, 6, 8단 DS 만들기, 단 끝까지 겉뜨기
    5단 DS까지 안뜨기, DS 뜨기, 안뜨기 5(5, 5, 5, 5)(5, 5, 6, 6), 편물 돌리기
    7단 DS까지 안뜨기, DS 뜨기, 안뜨기 5(5, 5, 5, 5)(6, 6, 6, 6), 편물 돌리기
    9단 DS까지 안뜨기, DS 뜨기, 안뜨기 5(5, 5, 5, 6)(6, 6, 6, 7)

2. 목둘레 코 늘림(1)을 다음과 같이 진행한다.

   1단(겉면) 마지막 1코 남을 때까지 겉뜨기, M1R, 겉뜨기 1
   2~4단 메리야스뜨기

3. 1~4단을 2(2, 2, 2, 2)(3, 3, 3, 3)번 더 반복한다.
4. 목둘레 코 늘림(2)을 다음과 같이 진행한다.

   1단(겉면) 마지막 1코 남을 때까지 겉뜨기, M1R, 겉뜨기 1
   2단(안면) 단 끝까지 안뜨기

5. 1~2단을 1(2, 2, 2, 3)(2, 2, 2, 2)번 더 반복한다.

   다음 단(겉면) 단 끝까지 겉뜨기, 감아코 3
   다음 단(안면) 단 끝까지 안뜨기

6. 총 27(28, 29, 29, 31)(32, 32, 34, 35)코가 된다.

앞판 합치기

1. 쉬고 있던 왼쪽 앞판의 코들을 바늘에 옮기고 앞판을 다음과 같이 합친다.

    연결 단 오른쪽 앞판의 단 끝까지 뜨기, 감아코 16(16, 16, 18, 18)(18, 20, 20, 20), 왼쪽 앞판의 단 끝까지 뜨기

2. 총 70(72, 74, 76, 80)(82, 84, 89, 90)코가 된다.
3. 뒤판의 진동 지침을 따른다. 총 82(86, 90, 94, 98)(102, 106, 110, 114)코가 된다.

카디건 지침

- 카디건은 오른쪽과 왼쪽 앞판을 진동 코 늘림까지 따로 뜬다.

오른쪽 앞판

- 스웨터 지침과 같이 뜨고 다음 두 단을 뜬다.

    다음 단(겉면) 단 끝까지 겉뜨기, 감아코 6(6, 6, 7, 7)(7, 8, 8, 8)
    다음 단(안면) 단 끝까지 안뜨기

- 총 33(34, 35, 36, 38)(39, 40, 42, 43)코가 된다.
- 뒤판의 진동 1~3번까지 스웨터 지침대로 진행하는데 겉면에서 볼 때 단 시작에서만 코를 늘린다.

왼쪽 앞판

- 스웨터 지침과 같이 뜨고 다음 두 단을 뜬다.

    다음 단(겉면) 단 끝까지 겉뜨기
    다음 단(안면) 단 끝까지 안뜨기, 감아코 6(6, 6, 7, 7)(7, 8, 8, 8)

- 총 33(34, 35, 36, 38)(39, 40, 42, 43)코가 된다.
- 뒤판의 진동 1~3번까지 스웨터 지침대로 진행하는데 겉면에서 볼 때 단 끝에서만 코를 늘린다.

S
T
E
P

 ## 몸통

앞판과 뒤판 합치기

1. 쉬고 있던 뒤판의 코들을 바늘에 모두 옮기고 앞판과 뒤판을 다음과 같이 합친다.

   연결 단 앞판의 단 끝까지 뜨기, 감아코 6(8, 10, 12, 14)(16, 18, 20, 22), 뒤판의 단 끝까지 뜨기, 마커 걸기(시작점), 감아코 6(8, 10, 12, 14)(16, 18, 20, 22)

2. 총 176(188, 200, 212, 224)(236, 248, 260, 272)코가 된다. 계속해서 앞판과 뒤판을 합친 곳(겨드랑이)에서부터 25cm 또는 원하는 길이가 될 때까지 메리야스뜨기로 원통뜨기 한다.

> **카디건 지침**
>
> 앞판과 뒤판 합치기
> - 쉬고 있던 뒤판의 코들을 바늘에 모두 옮기고 앞판과 뒤판을 다음과 같이 합친다.
>
>   **연결 단** 왼쪽 앞판의 단 끝까지 뜨기, 감아코 6(8, 10, 12, 14)(16, 18, 20, 22), 뒤판의 단 끝까지 뜨기, 감아코6(8, 10, 12, 14)(16, 18, 20, 22), 오른쪽 앞판의 단 끝까지 뜨기
>
> - 총 172(184, 196, 208, 220)(232, 244, 256, 268)코가 된다. 계속해서 앞판과 뒤판을 합친 곳(겨드랑이)에서부터 25cm 또는 원하는 길이가 될 때까지 메리야스뜨기로 평면뜨기 한다. 마지막 단은 안면을 뜨고 끝난다.

몸통 고무단

1. 3.5mm 바늘로 *꼬아뜨기 1, 안뜨기 1*을 반복하여 8cm 정도 뜨고 코를 막는다.

> **카디건 지침**
>
> 몸통 고무단
>
> - 3.5mm 바늘로 다음과 같이 진행한다.
>
>   **1단(겉면)** 겉뜨기 1, 마지막 2코 남을 때까지 *꼬아뜨기 1, 안뜨기 1* 반복, 뒤판의 가운데에서 K2TOG, 꼬아뜨기 1, 겉뜨기 1
>
>   **2단(안면)** 안뜨기 1, 마지막 2코 남을 때까지 *안뜨기로 꼬아뜨기 1, 겉뜨기 1* 반복, 안뜨기로 꼬아뜨기 1, 안뜨기 1
>
>   **3단** 겉뜨기 1, 마지막 2코 남을 때까지 *꼬아뜨기 1, 안뜨기 1* 반복, 꼬아뜨기 1, 겉뜨기 1
>
> - 2~3단을 반복하여 1코 고무뜨기(꼬아뜨기)를 8cm 정도 뜨고 코를 막는다.

STEP 4 마무리

소매

1. 겨드랑이 가운데에서 3(4, 5, 6, 7)(8, 9, 10, 11)코를 줍고 진동 둘레를 따라 균일하게 66(68, 70, 72, 74)(76, 76, 78, 80)코를 줍고 다시 겨드랑이에서 3(4, 5, 6, 7)(8, 9, 10, 11)코를 줍는다. 마커를 걸어 시작점을 표시한다. 총 72(76, 80, 84, 88)(92, 94, 98, 102)코가 된다.

소매산 만들기

1. 경사뜨기 하여 소매산을 다음과 같이 만든다.

   1단(겉면) 겉뜨기 43(46, 49, 50, 50)(54, 55, 58, 61), 편물 돌리기
   2단(안면) DS 만들기, 안뜨기 13(15, 17, 15, 17)(15, 15, 17, 19), 편물 돌리기
   3단 DS 만들기, DS까지 겉뜨기, DS 뜨기, 겉뜨기 2, 편물 돌리기
   4단 DS 만들기, DS까지 안뜨기, DS 뜨기, 안뜨기 2, 편물 돌리기

2. 3~4단을 12(12, 12, 13, 13)(14, 14, 14, 14)번 더 반복한다. 바늘에는 시작 마커 양옆으로 각 3(4, 5, 6, 7)(8, 9, 10, 11)코가 남는다.

   다음 단(겉면) DS 만들기, DS까지 겉뜨기, DS 뜨기, 단 끝까지 겉뜨기

3. 다음 3(6, 1, 4, 23)(11, 14, 5, 2)단을 원통뜨기 하는데 첫 단에서 DS를 만나면 DS를 뜬다.

코 줄임

1. 계속해서 소매를 원통뜨기 하며 8(8, 8, 8, 6)(6, 6, 6, 6)번째 단마다 코 줄임을 총 13(13, 14, 14, 16)(18, 18, 20, 21)번 한다.

    코 줄임 단 겉뜨기 1, K2TOG, 마지막 3코 남을 때까지 겉뜨기, SSK, 겉뜨기 1

2. 총 46(50, 52, 56, 56)(56, 58, 58, 60)코가 된다. 소매 길이가 겨드랑이에서 36(37, 38, 39, 40)(40, 41, 42, 43)cm 또는 원하는 길이보다 5cm 정도 짧게 메리야스뜨기 한다.

소매 고무단

1. 3.5mm 바늘로 바꿔서 *꼬아뜨기 1, 안뜨기 1*을 반복하여 1코 고무뜨기(꼬아뜨기)를 5cm 정도 뜨고 코를 막는다.

목 단(넥밴드)

1. 뒤판의 겉면을 마주 보고 3.5mm 바늘로 뒷목의 오른쪽에서 시작해서 목둘레선을 따라 88(92, 92, 96, 100)(104, 108, 112, 116)코를 줍고 시작 마커를 걸어 원통뜨기 한다.
2. *꼬아뜨기 1, 안뜨기 1*을 반복하여 1코 고무뜨기(꼬아뜨기)를 3cm 정도 뜨고 코를 막는다.

카디건 지침

왼쪽 버튼 밴드

- 카디건은 버튼 밴드를 먼저 뜨고 목 단을 뜬다. 바늘은 3.5mm를 사용한다.
- 왼쪽 앞판의 겉면을 마주 보고 목둘레선에서 시작해서 3단 중 2코를 줍고 마지막에 감아코 1코를 만든다. 총 콧수는 홀수가 되게 한다.

    1단(안면) 실 앞 걸러뜨기, 마지막 2코 남을 때까지 *안뜨기로 꼬아뜨기 1, 겉뜨기 1* 반복, 안뜨기로 꼬아뜨기 1, 안뜨기 1

    2단(겉면) 겉뜨기 1, 마지막 2코 남을 때까지 *꼬아뜨기 1, 안뜨기 1* 반복, 꼬아뜨기 1, 겉뜨기 1

- 1~2단을 반복하여 1코 고무뜨기(꼬아뜨기)를 3cm 정도 뜨고 코를 막는다.

오른쪽 버튼 밴드

- 오른쪽 앞판의 겉면을 마주 보고 감아코 1코를 잡고 몸통 고무단에서 시작해서 3단 중 2코를 줍는다. 총 콧수는 홀수가 되게 한다.

    1단(안면) 안뜨기 1, 마지막 2코 남을 때까지 *안뜨기로 꼬아뜨기 1, 겉뜨기 1* 반복, 안뜨기로 꼬아뜨기 1, 안뜨기 1

    2단(겉면) 실 뒤 걸러뜨기, 마지막 2코 남을 때까지 *꼬아뜨기 1, 안뜨기 1* 반복, 꼬아뜨기 1, 겉뜨기 1

- 1~2단을 반복하여 1코 고무뜨기(꼬아뜨기)를 3cm 정도 뜨고 코를 막는다.
- 단춧구멍은 버튼 밴드가 1~1.5cm가 되었을 때 만든다. 목 단에 만들어질 단춧구멍 위치를 계산하여 간격을 조절한다.

목 단

- 오른쪽 앞판의 겉면을 마주 보고 감아코 1코를 만든다. 오른쪽 끝에서 시작해서 코를 줍고 마지막에 감아코 1코를 만든다. 총 콧수는 홀수가 되게 한다.

    1단(안면) 실 앞 걸러뜨기, 마지막 2코 남을 때까지 *안뜨기로 꼬아뜨기 1, 겉뜨기 1* 반복, 안뜨기로 꼬아뜨기 1, 안뜨기 1

    2단(겉면) 실 뒤 걸러뜨기, 마지막 2코 남을 때까지 *꼬아뜨기 1, 안뜨기 1* 반복, 꼬아뜨기 1, 겉뜨기 1

- 1~2단을 반복하여 1코 고무뜨기(꼬아뜨기)를 3cm 정도 뜨고 코를 막는다.
- 목 단이 1~1.5cm가 되었을 때 목 단의 오른쪽에 단춧구멍을 만든다.

Dandelion Cardigan & Vest

단델리온 카디건 & 조끼

작품 개요

단델리온 카디건은 전체가 단순한 무늬로 덮여 있어 단조롭지만 심심하지 않은 디자인입니다. 1번째 겉면의 단에서 콧수가 줄어들고 다음 겉면의 단에서 콧수가 다시 복귀되기 때문에 진동, 목둘레선, 소매와 같이 코 줄임이 있는 곳에서는 콧수를 유의하길 바랍니다. 카디건 만드는 법 중간에 소개되는 '조끼 지침'을 따르면 한 가지 도안으로 카디건과 조끼 모두를 완성할 수 있습니다.

사이즈 선택하기

단델리온 카디건은 체형에 딱 맞게 입는 게 좋습니다. 가슴둘레보다 15cm 정도 여유분을 두고 디자인되었습니다. 모델은 카디건 L 사이즈, 조끼는 XL 사이즈를 착용했습니다.

기본 정보

사이즈	XS(S, M) L(XL, 2XL)
가슴둘레	83(91.5, 100) 109(117, 125.5)cm
게이지	19코 25단 ｜ 5mm 바늘 ｜ 무늬뜨기
실	카디건 카마로즈 디케이의 스네프눅 실 조끼 게파드 간의 푸노 실
소요량	카디건 660(735, 800) 880(950, 1030)m 조끼 460(530, 580) 630(690, 760)m
바늘	5mm, 4.5mm

STEP 1 몸통

몸통 고무단

1. 4.5mm 바늘로 157(173, 189) 205(221, 237)코를 잡고 다음과 같이 1코 고무뜨기한다.

    1단(안면) 안뜨기 2, 마지막 1코 남을 때까지 *겉뜨기 1, 안뜨기 1* 반복, 안뜨기 1
    2단(겉면) 겉뜨기 2, 마지막 1코 남을 때까지 *안뜨기 1, 겉뜨기 1* 반복, 겉뜨기 1

2. 1~2단을 반복하여 1코 고무뜨기를 8cm 정도 뜬다. 마지막 단은 겉면을 뜨고 끝난다. 다음 단은 단 끝까지 안뜨기하는데 중간에 M1L로 1코를 늘린다. 총 158(174, 190) 206(222, 238)코가 된다.

몸통 무늬뜨기

1. 영상을 참고해 5mm 바늘로 민들레 무늬를 다음과 같이 뜬다.

    1단(겉면) 겉뜨기 1, 마지막 5코 남을 때까지 *K2TOG, SSK, 겉뜨기 4* 반복, K2TOG, SSK, 겉뜨기 1
    2, 4, 6, 8단(안면) 단 끝까지 안뜨기
    3단 겉뜨기 1, 마지막 3코 남을 때까지 *긴 겉뜨기 1, 겉뜨기 2, 긴 겉뜨기 1, 겉뜨기 4* 반복, 긴 겉뜨기 1, 겉뜨기 2, 긴 겉뜨기 1, 겉뜨기 1
    5단 겉뜨기 1, 마지막 5코 남을 때까지 *겉뜨기 4, K2TOG, SSK* 반복, 겉뜨기 5
    7단 겉뜨기 1, 마지막 5코 남을 때까지 *겉뜨기 4, 긴 겉뜨기 1, 겉뜨기 2, 긴 겉뜨기 1* 반복, 겉뜨기 5

2. 1~8단을 반복하여 몸통의 길이가 코 잡은 곳에서부터 34cm 또는 원하는 길이가 될 때까지 민들레 무늬를 뜬다. 마지막 단은 4단 또는 8단을 뜨고 끝난다.

조끼 지침

- 1~8단을 반복하여 몸통의 길이가 코 잡은 곳에서부터 28cm 또는 원하는 길이가 될 때까지 민들레 무늬를 뜬다. 마지막 단은 4단 또는 8단을 뜨고 끝난다.

3. 다음 단을 뜨기 전에 개방형 마커를 다음과 같이 앞판과 뒤판, 겨드랑이 사이에 걸어 각 영역을 표시한다.

    셋업 단 37(40, 44) 46(50, 52)코, 마커 걸기 [앞판], 4(6, 6) 10(10, 14)코, 마커 걸기 [겨드랑이], 76(82, 90) 94(102, 106)코, 마커 걸기 [뒤판], 4(6, 6) 10(10, 14)코, 마커 걸기 [겨드랑이], 37(40, 44) 46(50, 52)코, 마커 걸기 [앞판]

4. 편물의 겉면을 마주 보고 겨드랑이 코를 막는데 마커 위치까지 가면 마커는 제거한다.

    다음 단(겉면) *마커 앞 3코 남을 때까지 무늬대로 뜨기, 겉뜨기 3, 다음 4(6, 6) 10(10, 14)코 막기, 겉뜨기 2* 2번 반복, 단 끝까지 무늬대로 뜨기

Point! 이제부터 왼쪽과 오른쪽 앞판, 뒤판을 뜨면서 코를 줄이게 되는데 무늬에서 코가 줄어든 상태로 다음 겉면에서 또 코를 줄이게 되면 의도치 않게 실제 줄여야 하는 콧수보다 더 많은 수를 줄이게 된다. 지침에 무늬를 뜨지 말아야 할 부분이 모두 표기되지 않기 때문에 반드시 지침의 다음 부분을 미리 확인하여 코 줄임이 들어가는 부분을 알아두어야 한다. 코 줄임이 들어가는 곳에서는 무늬를 뜨지 않고 메리야스뜨기 한다.

STEP 2 앞판

왼쪽 앞판

1. 편물을 돌려 안면을 마주 보고 왼쪽 앞판을 먼저 다음과 같이 뜬다.
2. 뒤판과 오른쪽 앞판은 케이블 위에 두거나 스티치 홀더 등에 옮겨서 잠시 쉬게 한다.

   1, 3단(안면) 단 끝까지 안뜨기
   2단(겉면) 3코 막기, 마지막 1코 남을 때까지 무늬대로 뜨기, 겉뜨기 1
   4단 겉뜨기 1, K2TOG, 마지막 1코 남을 때까지 무늬대로 뜨기, 겉뜨기 1

3. 3~4단을 4(5, 6) 6(7, 7)번 더 반복한다. 총 29(31, 34) 36(39, 41)코가 된다.

진동

1. 진동 길이가 겨드랑이 코를 막은 곳에서부터 9(10.5, 11.5) 12(13, 13.5)cm 정도 될 때까지 무늬대로 9(11, 11) 13(13, 15)단을 뜬다.

> 🧶 **조끼 지침**
> - 진동 길이가 겨드랑이 코를 막은 곳에서부터 13.5(15, 16) 17(17.5, 18.5)cm 정도 될 때까지 무늬대로 21(23, 23) 25(25, 27)단을 뜬다.

목둘레선 셰이핑

1. 왼쪽 앞판 목둘레선은 다음과 같이 뜬다.

    1단(겉면) 마지막 10(11, 13) 14(14, 15)코 남을 때까지 무늬대로 뜨기, 단 끝까지 겉뜨기
    2단(안면) 6(7, 8) 9(9, 10)코 막기, 단 끝까지 안뜨기
    3단 마지막 4(4, 5) 5(5, 5)코 남을 때까지 무늬대로 뜨기, 단 끝까지 겉뜨기
    4단 4(4, 5) 5(5, 5)코 막기, 단 끝까지 안뜨기
    5단 마지막 4코 남을 때까지 무늬대로 뜨기, 겉뜨기 1, SSK, 겉뜨기 1
    6단 단 끝까지 안뜨기

2. 5~6단을 2번 더 반복한다.

    11~20단 코 줄임 없이 단 끝까지 뜨기

3. 20단 이후로는 무늬뜨기 하지 않는다. 총 16(17, 18) 19(22, 23)코가 된다.

어깨

1. 왼쪽 어깨를 다음과 같이 경사뜨기 한다.

    1단(겉면) 단 끝까지 겉뜨기
    2단(안면) 안뜨기 4(5, 5) 5(6, 6), 편물 돌리기
    3, 5, 7단(겉면) DS 만들기, 단 끝까지 겉뜨기
    4단 DS까지 안뜨기, DS 뜨기, 안뜨기 4(4, 5) 5(6, 6), 편물 돌리기
    6단 DS까지 안뜨기, DS 뜨기, 안뜨기 4(4, 4) 5(5, 6), 편물 돌리기
    8단 DS까지 안뜨기, DS 뜨기, 안뜨기 4(4, 4) 4(5, 5)

2. 코를 막지 않고 실을 자른다. 왼쪽 어깨 코들은 스티치 홀더에 옮겨 잠시 쉬게 한다.

오른쪽 앞판

1. 오른쪽 앞판 코들을 바늘에 옮기고 안면을 마주 보고 시작한다.
2. 겨드랑이 쪽에 새 실을 걸어 오른쪽 앞판을 다음과 같이 뜬다.

    1단(안면)　3코 막기, 단 끝까지 안뜨기
    2단(겉면)　마지막 3코 남을 때까지 무늬대로 뜨기, 겉뜨기 3
    3단　단 끝까지 안뜨기
    4단　마지막 3코 남을 때까지 무늬대로 뜨기, SSK, 겉뜨기 1

3. 3~4단을 4(5, 6) 6(7, 7)번 더 반복한다. 총 29(31, 34) 36(39, 41)코가 된다.

진동

1. 진동 길이가 겨드랑이 코를 막은 곳에서부터 9(10.5, 11.5) 12(13, 13.5)cm 정도 될 때까지 무늬대로 9(11, 11) 13(13, 15)단을 뜬다.

> 🧶 **조끼 지침**
> - 진동 길이가 겨드랑이 코를 막은 곳에서부터 13.5(15, 16) 17(17.5, 18.5)cm 정도 될 때까지 무늬대로 21(23, 23) 25(25, 27)단을 뜬다.

목둘레선 셰이핑

1. 오른쪽 앞판 목둘레선은 다음과 같이 뜬다.

    1단(겉면) 6(7, 8) 9(9, 10)코 막기, 겉뜨기 3(3, 4) 4(4, 4), 마지막 1코 남을 때까지 무늬대로 뜨기, 겉뜨기 1
    2~20까지 짝수 단(안면) 단 끝까지 안뜨기
    3단   4(4, 5) 5(5, 5)코 막기, 겉뜨기 2, 마지막 1코 남을 때까지 무늬대로 뜨기, 겉뜨기 1
    5단   겉뜨기 1, K2TOG, 겉뜨기 1, 마지막 1코 남을 때까지 무늬대로 뜨기, 겉뜨기 1

2. 5~6단을 2번 더 반복한다.

    11~20단   코 줄임 없이 단 끝까지 뜨기

3. 20단 이후로는 무늬뜨기 하지 않는다. 총 16(17, 18) 19(22, 23)코가 된다.

어깨

1. 오른쪽 어깨를 다음과 같이 경사뜨기 한다.

    1단(겉면) 겉뜨기 4(5, 5) 5(6, 6), 편물 돌리기
    2, 4, 6단(안면) DS 만들기, 단 끝까지 안뜨기
    3단   DS까지 겉뜨기, DS 뜨기, 겉뜨기 4(4, 5) 5(6, 6), 편물 돌리기
    5단   DS까지 겉뜨기, DS 뜨기, 겉뜨기 4(4, 4) 5(5, 6), 편물 돌리기
    7단   DS까지 겉뜨기, DS 뜨기, 겉뜨기 4(4, 4) 4(5, 5)
    8단   단 끝까지 안뜨기

2. 코를 막지 않고 실을 자른다. 오른쪽 어깨 코들은 스티치 홀더에 옮겨 잠시 쉬게 한다.

S
T
E
P

③ 뒤판

진동

1. 뒤판은 첫 3코와 마지막 3코는 메리야스뜨기 하고 나머지는 무늬대로 뜬다. 편물의 안면을 마주 보고 새 실을 걸어 다음과 같이 뜬다.

    1단(안면) 3코 막기, 단 끝까지 안뜨기
    2단(겉면) 3코 막기, 단 끝까지 무늬대로 뜨기(마지막 3코는 겉뜨기)
    3단 단 끝까지 안뜨기
    4단 겉뜨기 1, K2TOG, 마지막 3코 남을 때까지 뜨기, SSK, 겉뜨기 1

2. 3~4단을 4(5, 6) 6(7, 7)번 더 반복한다. 총 60(64, 70) 74(80, 84)코가 된다.

3. 진동 길이가 겨드랑이 코를 막은 곳에서부터 15(17, 17.5) 18.5(19, 20)cm 정도 될 때까지 무늬대로 25(27, 27) 29(29, 31)단을 뜬다.

> 🧶 조끼 지침
> - 진동 길이가 겨드랑이 코를 막은 곳에서부터 20(21.5, 22.5) 23(24, 25)cm 정도 될 때까지 무늬대로 37(39, 39) 41(41, 43)단을 뜬다.

뒷목

1. 어깨와 뒷목을 다음과 같이 분리한다.

    1단(겉면) 첫 19(20, 21) 22(25, 26)코 뜨기, 다음 22(24, 28) 30(30, 32)코 막기, 다음 18(19, 20) 21(24, 25)코 뜨기
    2단(안면) 안뜨기 19(20, 21) 22(25, 26)
    3단 첫 3코 막기, 단 끝까지 겉뜨기(무늬의 코가 줄어든 상태라면 여기서 마무리해 콧수를 돌려놓는다)
    4단 단 끝까지 안뜨기

2. 총 16(17, 18) 19(22, 23)코가 된다.

왼쪽 어깨

1. 왼쪽 어깨 경사뜨기를 다음과 같이 진행한다.

    1단(겉면) 겉뜨기 4(5, 5) 5(6, 6), 편물 돌리기
    2, 4, 6단(안면) DS 만들기, 단 끝까지 안뜨기
    3단 DS까지 겉뜨기, DS 뜨기, 겉뜨기 4(4, 5) 5(6, 6), 편물 돌리기
    5단 DS까지 겉뜨기, DS 뜨기, 겉뜨기 4(4, 4) 5(5, 6), 편물 돌리기
    7단 DS까지 겉뜨기, DS 뜨기, 겉뜨기 4(4, 4) 4(5, 5)
    8단 단 끝까지 안뜨기

2. 실을 자르지 않고 왼쪽 어깨의 코들을 새 바늘에 옮긴다. 영상을 참고해 3-Needle Bind off 방식으로 코를 막는다.

만드는 법

<u>오른쪽 어깨</u>

1. 뒤판의 안면을 마주 보고 오른쪽 어깨에 새 실을 걸어 다음과 같이 뜬다.

   1단(안면) 첫 3코 막기, 단 끝까지 안뜨기
   2~3단 메리야스뜨기(무늬의 코가 줄어든 상태라면 여기서 마무리해 콧수를 돌려놓는다)

2. 총 16(17, 18) 19(22, 23)코가 된다.
3. 오른쪽 어깨 경사뜨기를 다음과 같이 진행한다.

   1단(겉면) 단 끝까지 겉뜨기
   2단(안면) 안뜨기 4(5, 5) 5(6, 6), 편물 돌리기
   3, 5, 7단 DS 만들기, 단 끝까지 겉뜨기
   4단 DS까지 안뜨기, DS 뜨기, 안뜨기 4(4, 5) 5(6, 6), 편물 돌리기
   6단 DS까지 안뜨기, DS 뜨기, 안뜨기 4(4, 4) 5(5, 6), 편물 돌리기
   8단 DS까지 안뜨기, DS 뜨기, 안뜨기 4(4, 4) 4(5, 5)

4. 실을 자르지 않고 오른쪽 어깨의 코들을 새 바늘에 옮긴다. 영상을 참고해 3-Needle Bind off 방식으로 코를 막는다.

STEP 4

소매

소매

1. 겨드랑이 가운데에서 2(3, 3) 5(5, 7)코를 줍고 진동 둘레를 따라 균일하게 58(64, 66) 68(70, 72)코를 줍고 다시 겨드랑이에서 2(3, 3) 5(5, 7)코를 줍는다. 마커를 걸어 시작점을 표시한다. 총 62(70, 72) 78(80, 86)코가 된다.

소매산 만들기

1. 경사뜨기 하여 소매산을 다음과 같이 만든다.

   1단(겉면) 겉뜨기 40(45, 46) 50(51, 55), 편물 돌리기
   2단(안면) DS 만들기, 안뜨기 17(19, 19) 21(21, 23), 편물 돌리기

2. 계속해서 사이즈별 지침에 맞게 소매산을 만든다.
3. 23(25, 25) 25(27, 27)단까지 뜨면 시작점을 만나게 되는데 여기서부터는 원통뜨기 한다.

   XS
   3단(겉면) DS 만들기, DS까지 *겉뜨기 2, K2TOG, SSK, 겉뜨기 2* 반복, DS 뜨기, 겉뜨기 2, 편물 돌리기
   4, 6단(안면) DS 만들기, DS까지 안뜨기, DS 뜨기, 안뜨기 2, 편물 돌리기
   5단 DS 만들기, 겉뜨기 4, DS까지 *긴 겉뜨기 1, 겉뜨기 2, 긴 겉뜨기 1, 겉뜨기 4* 반복, DS 뜨기, 겉뜨기 2, 편물 돌리기

   3~6단을 총 5번 반복한다.

23단 DS 만들기, DS까지 *겉뜨기 2, K2TOG, SSK, 겉뜨기 2* 반복, DS 뜨기, 단 끝까지 겉뜨기
24단 단 끝까지 겉뜨기(DS를 만나면 DS를 겉뜨기)
25단 겉뜨기 5, 마지막 1코 남을 때까지 *긴 겉뜨기 1, 겉뜨기 2, 긴 겉뜨기 1, 겉뜨기 4* 반복, 겉뜨기 1

S

3단(겉면) DS 만들기, 겉뜨기 1, DS 전 1코 남을 때까지 *겉뜨기 2, K2TOG, SSK, 겉뜨기 2* 반복, 겉뜨기 1, DS 뜨기, 겉뜨기 2, 편물 돌리기
4, 6단(안면) DS 만들기, DS까지 안뜨기, DS 뜨기, 안뜨기 2, 편물 돌리기
5단 DS 만들기, 겉뜨기 1, DS 전 5코 남을 때까지 *겉뜨기 4, 긴 겉뜨기 1, 겉뜨기 2, 긴 겉뜨기 1* 반복, DS까지 겉뜨기, DS 뜨기, 겉뜨기 2, 편물 돌리기

3~6단을 총 5번 반복하고 3~4단을 1번 더 반복한다.

25단 DS 만들기, 겉뜨기 1, DS 전 5코 남을 때까지 *겉뜨기 4, 긴 겉뜨기 1, 겉뜨기 2, 긴 겉뜨기 1* 반복, DS까지 겉뜨기, DS 뜨기, 단 끝까지 겉뜨기
26, 28단 단 끝까지 겉뜨기(DS를 만나면 DS를 겉뜨기)
27단 겉뜨기 5, 마지막 1코 남을 때까지 *K2TOG, SSK, 겉뜨기 4* 반복, 단 끝까지 겉뜨기
29단 겉뜨기 5, 마지막 1코 남을 때까지 *긴 겉뜨기 1, 겉뜨기 2, 긴 겉뜨기 1, 겉뜨기 4* 반복, 단 끝까지 겉뜨기

M

3~26단 S 과정과 동일
27단 겉뜨기 6, 마지막 2코 남을 때까지 *K2TOG, SSK, 겉뜨기 4* 반복, 단 끝까지 겉뜨기
28단 단 끝까지 겉뜨기
29단 겉뜨기 6, 마지막 2코 남을 때까지 *긴 겉뜨기 1, 겉뜨기 2, 긴 겉뜨기 1, 겉뜨기 4* 반복, 단 끝까지 겉뜨기

L

3단(겉면) DS 만들기, DS 전 4코 남을 때까지 *겉뜨기 4, K2TOG, SSK* 반복, DS까지 겉뜨기, DS 뜨기, 겉뜨기 2, 편물 돌리기
4, 6단(안면) DS 만들기, DS까지 안뜨기, DS 뜨기, 안뜨기 2, 편물 돌리기
5단 DS 만들기, 겉뜨기 6, DS 전 2코 남을 때까지 *긴 겉뜨기 1, 겉뜨기 2, 긴 겉뜨기 1, 겉뜨기 4* 반복, DS까지 겉뜨기, DS 뜨기, 겉뜨기 2, 편물 돌리기

3~6단을 총 5번 반복하고 3~4단을 1번 더 반복한다.

25단　DS 만들기, 겉뜨기 6, DS 전 2코 남을 때까지 *긴 겉뜨기 1, 겉뜨기 2, 긴 겉뜨기 1, 겉뜨기 4* 반복, DS까지 겉뜨기, DS 뜨기, 단 끝까지 겉뜨기

26, 28, 30, 32단　단 끝까지 겉뜨기(DS를 만나면 DS를 겉뜨기)

27단　겉뜨기 9, 마지막 5코 남을 때까지 *K2TOG, SSK, 겉뜨기 4* 반복, 단 끝까지 겉뜨기

29단　겉뜨기 9, 마지막 5코 남을 때까지 *긴 겉뜨기 1, 겉뜨기 2, 긴 겉뜨기 1, 겉뜨기 4* 반복, 단 끝까지 겉뜨기

31단　겉뜨기 5, 마지막 1코 남을 때까지 *K2TOG, SSK, 겉뜨기 4* 반복, 겉뜨기 1

33단　겉뜨기 5, 마지막 1코 남을 때까지 *긴 겉뜨기 1, 겉뜨기 2, 긴 겉뜨기 1, 겉뜨기 4* 반복, 겉뜨기 1

XL

3~6단　L 과정과 동일

3~6단을 총 6번 반복한다.

27단　DS 만들기, DS 전 4코 남을 때까지 *겉뜨기 4, K2TOG, SSK* 반복, DS까지 겉뜨기, DS 뜨기, 단 끝까지 겉뜨기

28, 30, 32단　단 끝까지 겉뜨기(DS를 만나면 DS를 겉뜨기)

29단　겉뜨기 10, 마지막 6코 남을 때까지 *긴 겉뜨기 1, 겉뜨기 2, 긴 겉뜨기 1, 겉뜨기 4* 반복, 단 끝까지 겉뜨기

31단　겉뜨기 6, 마지막 2코 남을 때까지 *K2TOG, SSK, 겉뜨기 4* 반복, 단 끝까지 겉뜨기

33단　겉뜨기 6, 마지막 2코 남을 때까지 *긴 겉뜨기 1, 겉뜨기 2, 긴 겉뜨기 1, 겉뜨기 4* 반복, 단 끝까지 겉뜨기

2XL

3단(겉면)　DS 만들기, 겉뜨기 5, DS 전 1코 남을 때까지 *K2TOG, SSK, 겉뜨기 4* 반복, 겉뜨기 1, DS 뜨기, 겉뜨기 2, 편물 돌리기

4, 6단(안면)　DS 만들기, DS까지 안뜨기, DS 뜨기, 안뜨기 2, 편물 돌리기

5단　DS 만들기, 겉뜨기 7, DS 전 3코 남을 때까지 *긴 겉뜨기 1, 겉뜨기 2, 긴 겉뜨기 1, 겉뜨기 4* 반복, DS까지 겉뜨기, DS 뜨기, 겉뜨기 2, 편물 돌리기

3~6단을 총 6번 반복한다.

27단 DS 만들기, 겉뜨기 5, DS 전 1코 남을 때까지 *K2TOG, SSK, 겉뜨기 4* 반복, DS까지 겉뜨기, DS 뜨기, 단 끝까지 겉뜨기

28, 30, 32단 단 끝까지 겉뜨기(DS를 만나면 DS를 겉뜨기)

29단 겉뜨기 13, 마지막 9코 남을 때까지 *긴 겉뜨기 1, 겉뜨기 2, 긴 겉뜨기 1, 겉뜨기 4* 반복, 단 끝까지 겉뜨기

31단 겉뜨기 9, 마지막 5코 남을 때까지 *K2TOG, SSK, 겉뜨기 4* 반복, 단 끝까지 겉뜨기

33단 겉뜨기 9, 마지막 5코 남을 때까지 *긴 겉뜨기 1, 겉뜨기 2, 긴 겉뜨기 1, 겉뜨기 4* 반복, 단 끝까지 겉뜨기

코 줄임

1. 계속해서 무늬대로 뜨며 8(6, 6) 6(6, 4)번째 단마다 코 줄임을 총 10(13, 14) 14(14, 17)번 한다.

2. 코 줄임 단을 제외하고 소매의 모든 단에서 첫 3코와 마지막 3코는 겉뜨기한다.

   코 줄임 단 겉뜨기 1, K2TOG, 마지막 3코 남을 때까지 무늬대로 뜨기, SSK, 겉뜨기 1

3. 총 42(44, 44) 50(52, 52)코가 된다. 소매 길이가 겨드랑이에서 35(35, 36) 37(37, 38)cm 또는 원하는 길이보다 8cm 정도 짧게 메리야스뜨기 한다.

소매 고무단

1. 4.5mm 바늘로 바꿔서 *겉뜨기 1, 안뜨기 1*을 반복하여 1코 고무뜨기를 8cm 정도 뜨고 코를 막는다.

> **조끼 지침**
>
> - 4.5mm 바늘로 진동 둘레를 따라 코를 주운 뒤 *겉뜨기 1, 안뜨기 1*을 반복하여 1코 고무뜨기를 2.5cm 정도 원통뜨기 하고 코를 막는다.

STEP 5 마무리

왼쪽 버튼 밴드

1. 왼쪽 앞판의 겉면을 마주 보고 4.5mm 바늘로 목둘레선에서 시작해서 카디건의 앞섶을 따라 코를 줍고 마지막에 감아코 1를 만든다. 총 콧수는 홀수가 되게 한다.

    1단(안면) 실 앞 걸러뜨기, 마지막 2코 남을 때까지 *안뜨기 1, 겉뜨기 1* 반복, 안뜨기 2
    2단(겉면) 겉뜨기 2, 마지막 1코 남을 때까지 *안뜨기 1, 겉뜨기 1* 반복, 겉뜨기 1

2. 1~2단을 반복하여 1코 고무뜨기를 4cm 정도 뜨고 코를 막는다.

오른쪽 버튼 밴드

1. 오른쪽 앞판의 겉면을 마주 보고 감아코 1코를 만들고 몸통 고무단에서 시작해서 카디건의 앞섶을 따라 코를 줍는다. 총 콧수는 홀수가 되게 한다.

    1단(안면) 안뜨기 2, 마지막 1코 남을 때까지 *겉뜨기 1, 안뜨기 1* 반복, 안뜨기 1
    2단(겉면) 실 뒤 걸러뜨기, 마지막 2코 남을 때까지 *겉뜨기 1, 안뜨기 1* 반복, 겉뜨기 2

2. 1~2단을 반복하여 1코 고무뜨기를 4cm 정도 뜨고 코를 막는다.
3. 단춧구멍은 오른쪽 버튼 밴드가 1~1.5cm 정도 되었을 때 만드는데 목 단에 만들어질 단춧구멍 위치를 계산하여 간격을 조절한다.

목 단(넥밴드)

1. 오른쪽 앞판의 겉면을 마주 보고 4.5mm 바늘로 감아코 1코를 만들고 오른쪽 끝에서 시작해서 코를 줍고 마지막에 감아코 1코를 만든다. 총 콧수는 홀수가 되게 한다.

    1단(안면) 실 앞 걸러뜨기, 마지막 2코 남을 때까지 *안뜨기 1, 겉뜨기 1* 반복, 안뜨기 2
    2단(겉면) 실 뒤 걸러뜨기, 마지막 2코 남을 때까지 *겉뜨기 1, 안뜨기 1* 반복, 겉뜨기 2

2. 1~2단을 반복하여 1코 고무뜨기를 4cm 정도 뜨고 코를 막는다.
3. 목 단이 1.5~2cm 정도 되었을 때 목 단의 오른쪽에 단춧구멍을 만든다.

Part __4

01 퍼스트 카디건
02 베로나 스웨터
03 너디 폴로 티
04 봄 티
05 만채로피 후디
06 별빛 스카프
07 터틀넥 워머
08 오솔길 모자
09 크로셰룩 가방
10 테라 삭스
11 앤의 룸 슈즈

단일 작품

First Cardigan

퍼스트 카디건

작품 개요

퍼스트 카디건은 대바늘 손뜨개 입문자를 위한 작품입니다. 입문자를 위해 특별히 전체 동영상도 준비했습니다. 어려운 기술 없이 귀여운 카디건을 완성할 수 있어요. 이 카디건은 소매 길이가 짧은 편이니 더 길게 하려면 기본 정보의 소요량보다 더 많은 실을 준비해 주세요.

사이즈 선택하기

카디건은 가슴둘레보다 15~20cm 정도 여유분을 두는 게 좋습니다. 사이즈는 실의 종류에 따라 조금씩 달라지는데 모델은 브루스카 카디건 M 사이즈, 워미 카디건 L 사이즈를 착용했습니다.

기본 정보

사이즈	XS(S, M, L, XL)(2XL, 3XL, 4XL, 5XL)
가슴둘레	93.5(97.5, 102, 111, 115.5)(122, 126.5, 133, 137.5)cm
게이지	18코 27단 ｜ 5mm 바늘 ｜ 메리야스뜨기
실	로사 포마르의 브루스카 또는 두니트의 워미 실
소요량	640(690, 740, 820, 880)(950, 1000, 1080, 1130)m
바늘	5mm, 4.5mm

요크

목 단(넥밴드)

1. 4.5mm 바늘로 100(100, 104, 104, 108)(108, 112, 112, 112)코를 잡고 다음과 같이 뜬다.

   1단(안면) 실 앞 걸러뜨기, 마지막 3코 남을 때까지 *안뜨기 2, 겉뜨기 2* 반복, 안뜨기 3
   2단(겉면) 실 뒤 걸러뜨기, 마지막 3코 남을 때까지 *겉뜨기 2, 안뜨기 2* 반복, 겉뜨기 3

2. 1~2단을 반복하여 2cm 정도 뜬다. 마지막 단은 안면을 뜨고 끝난다.
3. 단춧구멍을 다음과 같이 만든다.

   단춧구멍(겉면) 마지막 5코 남을 때까지 무늬대로 뜨기, 바늘비우기, P2TOG, 겉뜨기 3

4. 단춧구멍을 만든 다음 계속해서 1~2단을 반복하여 목 단이 총 5cm 정도 될 때까지 뜬다. 마지막 단은 안면을 뜨고 끝난다.

요크

1. 5mm 바늘로 겉뜨기하면서 마커를 걸어 코를 다음과 같이 구분한다. 첫 7코와 마지막 7코는 버튼 밴드가 된다.

   셋업 단(겉면) 실 뒤 걸러뜨기, *겉뜨기 1, 안뜨기 1* 3번 반복 [버튼 밴드], 겉뜨기 12(12, 13, 13, 14)(14, 14, 14, 14) [왼쪽 앞판], 마커 걸기, 겉뜨기 2, 마커 걸기, 겉뜨기 12(12, 12, 12, 12)(12, 14, 14, 14) [왼쪽 소매], 마커 걸기, 겉뜨기 2, 마커 걸기, 겉뜨기 30(30, 32, 32, 34)(34, 34, 34, 34) [뒤판], 마커 걸기, 겉뜨기 2, 마커 걸기, 겉뜨기 12(12, 12, 12, 12)(12, 14, 14, 14) [오른쪽 소매], 마커 걸기, 겉뜨기 2, 마커 걸기, 겉뜨기 12(12, 13, 13, 14)(14, 14, 14, 14) [오른쪽 앞판], *안뜨기 1, 겉뜨기 1* 3번 반복, 겉뜨기 1 [버튼 밴드]

버튼 밴드

1. 이제부터 카디건의 몸통이 끝날 때까지 버튼 밴드는 다음과 같이 뜬다.

   안면 실 앞 걸러뜨기, *안뜨기 1, 겉뜨기 1* 3번 반복, 마지막 7코 남을 때까지 도안의 지침대로 뜨기, *겉뜨기 1, 안뜨기 1* 3번 반복, 안뜨기 1

   겉면 실 뒤 걸러뜨기, *겉뜨기 1, 안뜨기 1* 3번 반복, 마지막 7코 남을 때까지 도안의 지침대로 뜨기, *안뜨기 1, 겉뜨기 1* 3번 반복, 겉뜨기 1

2. 단춧구멍은 7cm 정도 간격을 두고 겉면에서 만든다.

   단춧구멍(겉면) 마지막 4코 남을 때까지 지침대로 뜨기, 바늘비우기, P2TOG, 겉뜨기 2

뒷목

1. 이제부터 경사뜨기 하며 뒷목을 높여준다.

   1단(안면) 버튼 밴드 뜨기, 마지막 마커까지 안뜨기, 마커 넘기기, 안뜨기 2, 편물 돌리기
   2단(겉면) DS 만들기, *마커까지 겉뜨기, M1R, 마커 넘기기, 겉뜨기 2, 마커 넘기기, M1L* 4번 반복, 겉뜨기 2, 편물 돌리기
   3단 DS 만들기, DS까지 안뜨기, DS 뜨기, 안뜨기 2
   4단 DS 만들기, DS까지 2단과 같이 래글런 코 늘림 하며 겉뜨기, DS 뜨기, 겉뜨기 2

2. 3~4단을 4번 더 반복한다.

13단(안면)　DS 만들기, DS까지 안뜨기, DS 뜨기, 버튼 밴드까지 안뜨기, 버튼 밴드 뜨기
14단(겉면)　DS까지 2단과 같이 래글런 코늘림 하며 겉뜨기, DS 뜨기, 버튼 밴드까지 겉뜨기, 버튼 밴드 뜨기
15단　버튼 밴드 뜨기, 버튼 밴드까지 안뜨기, 버튼 밴드 뜨기
16단　버튼 밴드 뜨기, 버튼 밴드까지 래글런 코늘림 하며 겉뜨기, 버튼 밴드 뜨기

3. 15~16단을 15(17, 18, 19, 21)(22, 22, 22, 23)번 더 반복한다. [앞판] 35(37, 39, 40, 43)(44, 44, 44, 45)코, [소매] 58(62, 64, 66, 70)(72, 74, 74, 76)코, [뒤판] 76(80, 84, 86, 92)(94, 94, 94, 96)코가 된다.

4. XS(S, M, -, -)(-, -, -, -)은 안면을 한 단 더 뜬 뒤 몸통으로 넘어간다. 나머지 -(-, -, L, XL)(2XL, 3XL, 4XL, 5XL)는 안면을 한 단 더 뜬 뒤 다음과 같이 한다.

　다음 단(겉면)　버튼 밴드 뜨기, *마커까지 겉뜨기, M1R, 마커 넘기기, 겉뜨기 2, 마커 넘기기, 마커까지 겉뜨기, 마커 넘기기, 겉뜨기 2, 마커 넘기기, M1L* 2번 반복, 버튼 밴드까지 겉뜨기, 버튼 밴드 뜨기
　다음 단(안면)　버튼 밴드 뜨기, 버튼 밴드까지 안뜨기, 버튼 밴드 뜨기

5. 위 두 단을 -(-, -, 1, 1)(2, 4, 6, 7)번 더 반복한다. [앞판] -(-, -, 42, 45)(47, 49, 51, 53)코, [소매] 콧수 변화 없음, [뒤판] -(-, -, 90, 96)(100, 104, 108, 111)코가 된다.

STEP 2

몸통

소매 분리

1. 소매를 다음과 같이 분리하면 래글런 2코는 각각 몸통으로 가게 된다.
2. 래글런 마커는 모두 제거한다.

   1단 *마커까지 뜨기, 마커 제거, 겉뜨기 2, 마커 제거, 소매 58(62, 64, 66, 70)(72, 74, 74, 76)코 스티치 홀더에 옮기기, 감아코 4(4, 4, 6, 6)(8, 8, 10, 10), 마커 제거, 겉뜨기 2, 마커 제거* 2번 반복, 단 끝까지 뜨기

3. 총 176(184, 192, 208, 220)(232, 240, 252, 260)코가 된다. 버튼 밴드의 무늬는 유지하고 나머지는 메리야스뜨기 하며 단춧구멍이 5~6개가 될 때까지 몸통을 뜬다.
4. 마지막 단춧구멍으로부터 1~2cm 정도를 더 뜬다. 마지막 단은 안면을 뜨고 끝난다.

몸통 고무단

1. 겉면을 마주 보고 전체가 균일하게 4(4, 4, 4, 8)(8, 8, 8, 8)코를 K2TOG로 줄인다.
2. 4.5mm 바늘로 몸통 고무단을 다음과 같이 뜬다.

   1단(안면) 실 앞 걸러뜨기, 마지막 3코 남을 때까지 *안뜨기 2, 겉뜨기 2* 반복, 안뜨기 3
   2단(겉면) 실 뒤 걸러뜨기, 마지막 3코 남을 때까지 *겉뜨기 2, 안뜨기 2* 반복, 겉뜨기 3

3. 1~2단을 반복하여 마지막 단춧구멍에서부터 7cm 정도를 더 뜬다.
4. 거기에 단춧구멍 하나를 더 만들고 2cm 정도를 더 뜬 뒤 코를 막는다.

STEP 3

소매

소매

1. 스티치 홀더에 있는 소매 코를 모두 5mm 바늘에 옮긴다.
2. 겨드랑이 가운데에서 2(2, 2, 3, 3)(4, 4, 5, 5)코를 줍고 소매 코를 모두 겉뜨기한다. 다시 겨드랑이에서 2(2, 2, 3, 3)(4, 4, 5, 5)코를 줍고 마커를 걸어 시작점을 표시하고 원통뜨기 한다. 총 62(66, 68, 72, 76)(80, 82, 84, 86)코가 된다.
3. 소매 길이가 32(33, 33, 34, 34)(35, 36, 36, 37)cm 정도 될 때까지 메리야스뜨기 한다.
4. XS(S, -, -, -)(-, 3XL, -, 5XL)은 균일하게 2코를 줄이고 겉뜨기 한 단을 뜬다. 총 60(64, 68, 72, 76)(80, 80, 84, 84)코가 된다.

코 줄임

1. 코 줄임을 다음과 같이 시작한다.

    1단 *겉뜨기 13(14, 15, 16, 17)(18, 18, 19, 19), K2TOG* 4번 반복
    2, 4, 6, 8단 단 끝까지 겉뜨기
    3단 *겉뜨기 12(13, 14, 15, 16)(17, 17, 18, 18), K2TOG* 4번 반복
    5단 *겉뜨기 11(12, 13, 14, 15)(16, 16, 17, 17), K2TOG* 4번 반복
    7단 *겉뜨기 10(11, 12, 13, 14)(15, 15, 16, 16), K2TOG* 4번 반복

2. 총 44(48, 52, 56, 60)(64, 64, 68, 68)코가 된다. XS(S, M, L, -)(-, -, -, -)은 소매 고무단으로 넘어간다. 나머지 -(-, -, -, XL)(2XL, 3XL, 4XL, 5XL)은 소매 코를 다음과 같이 더 줄인다.

    9단 *겉뜨기 -(-, -, -, 13)(14, 14, 15, 15), K2TOG* 4번 반복

3. 총 -(-, -, -, 56)(60, 60, 64, 64)코가 된다. -(-, -, -, XL)(-, -, -, -)은 소매 고무단으로 넘어간다. 나머지 -(-, -, -, -)(2XL, 3XL, 4XL, 5XL)은 소매 코를 다음과 같이 더 줄인다.

   10단 *겉뜨기 -(-, -, -, -)(13, 13, 14, 14), K2TOG* 4번 반복

4. 총 -(-, -, -, -)(56, 56, 60, 60)코가 된다.

소매 고무단

1. 4.5mm 바늘로 바꾸고 다음과 같이 진행한다.

   1단 *겉뜨기 9(10, 11, 12, 12)(12, 12, 13, 13), K2TOG* 4번 반복

2. *겉뜨기 2, 안뜨기 2*를 반복하여 2코 고무뜨기를 3cm 정도 뜨고 코를 막는다.

Verona Sweater

베로나 스웨터

작품 개요

베로나 스웨터는 모헤어 3겹으로 떠서 무게도 가볍고 촉감도 포근한 사랑스러운 니트입니다. 서큘러 요크 스타일의 스웨터로 여성스러운 느낌이 강조됩니다. 과정도 쉬운 편이라 스웨터를 처음 뜨는 입문자가 도전하기도 좋습니다.

사이즈 선택하기

스웨터는 약간 크게 떠 하늘하늘한 느낌을 주면 좋습니다. 모헤어가 아닌 양모나 면사로 뜨는 경우 사이즈가 더 작게 나올 수 있으니 참고해 주세요. 모헤어 스웨터는 S 사이즈를 착용했습니다.

기본 정보

사이즈	XS(S, M, L)
가슴둘레	98(111, 124, 138)cm
게이지	18코 27단 ｜ 4.5mm 바늘 ｜ 메리야스뜨기
실	두니트의 누베 페루 실 3겹
소요량	350(400, 460, 510)m
바늘	4.5mm, 4mm

STEP 1

요크

목 단(넥밴드)

1. 4mm 바늘로 96(96, 100, 100)코를 잡고 원통뜨기 한다. 마커를 걸어 시작점을 표시한다.
2. *겉뜨기 1, 안뜨기 1*을 반복하여 1코 고무뜨기를 4cm 정도 뜨고 다음 단은 단 끝까지 안뜨기한다.

요크

1. 4.5mm 바늘로 바꿔서 다음과 같이 경사뜨기 한다.

   1단(겉면) 겉뜨기 38(38, 40, 40), 편물 돌리기
   2단(안면) DS 만들기, 안뜨기 75(75, 79, 79), 편물 돌리기
   3단 DS 만들기, 이전 단에서 만든 DS 앞 4코를 남기고 겉뜨기, 편물 돌리기
   4단 DS 만들기, 이전 단에서 만든 DS 앞 4코를 남기고 안뜨기, 편물 돌리기

2. 3~4단을 3번 더 반복한다.
3. 계속해서 다음과 같이 뜨는데 12단은 사이즈별 지침을 따른다.

   11단(겉면) DS 만들기, 단 끝까지 겉뜨기
   XS(S, -, -) 12단 *겉뜨기 24, M1L* 4번 반복, DS 만나면 DS 겉뜨기
   -(-, M, L) 12단 단 끝까지 겉뜨기, DS 만나면 DS 겉뜨기

4. 이제부터 기호 도안대로 무늬뜨기 하며 코를 늘린다. 기호 도안의 50(56, 60, 64)단까지 뜨고 몸통으로 넘어간다. 총 288(324, 360, 396)코가 된다.
   P. 161 기호 도안 참조

만드는 법

S T E P

② **몸통**

소매 분리

1. 소매를 다음과 같이 분리한다.

    1단 겉뜨기 40(46, 53, 58), 소매 64(70, 76, 82)코 스티치 홀더에 옮기기, 감아코 8, 겉뜨기 80(92, 104, 116), 소매 64(70, 76, 82)코 스티치 홀더에 옮기기, 감아코 8, 단 끝까지 겉뜨기

2. 총 176(200, 224, 248)코가 된다. 겨드랑이에서부터 20cm 또는 원하는 길이보다 6cm 정도 짧게 메리야스뜨기 한다.

몸통 고무단

1. 4mm 바늘로 바꿔서 *겉뜨기 1, 안뜨기 1*을 반복하여 1코 고무뜨기를 8cm 정도 뜨고 코를 막는다.

STEP 3

소매

소매

1. 스티치 홀더에 있는 소매 코를 모두 4.5mm 바늘에 옮긴다.
2. 겨드랑이에서 8코를 줍는데 가운데에 마커를 걸어 시작점을 표시하고 원통뜨기 한다. 총 72(78, 84, 90)코가 된다.
3. 소매 길이가 겨드랑이에서부터 31(32, 33, 34)cm 정도 될 때까지 메리야스뜨기 하고 코를 다음과 같이 줄인다.

    1단 단 끝까지 *겉뜨기 4, K2TOG* 반복
    2단 단 끝까지 겉뜨기
    3단 단 끝까지 *겉뜨기 3, K2TOG* 반복

4. 총 48(52, 56, 60)코가 된다. L만 다음 두 단을 더 뜬다.

    4단 단 끝까지 겉뜨기
    5단 단 끝까지 *겉뜨기 13, K2TOG* 반복

5. 총 48(52, 56, 56)코가 된다. 4mm 바늘로 바꿔서 단 끝까지 겉뜨기한다.

소매 고무단

1. *겉뜨기 1, 안뜨기 1*을 반복하여 1코 고무뜨기를 6cm 정도 뜨고 코를 막는다.

기호 도안: 요크

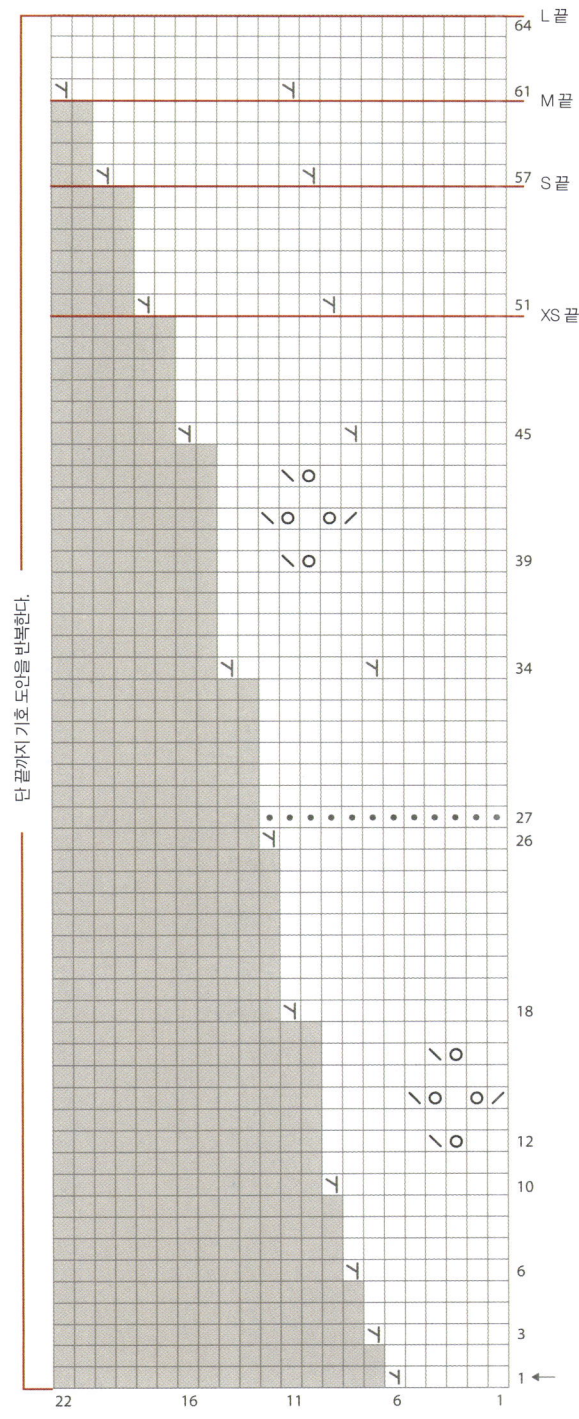

Nerdy Polo Tee

너디 폴로 티

작품 개요

너디 폴로 티는 오래전부터 꾸준히 사랑받아 온 클래식 디자인입니다. 체크무늬 또는 줄무늬를 즐겨 입는 공대생들에게 영감을 받아 만든 작품입니다.

사이즈 선택하기

너디 폴로 티는 남녀 공용으로 입을 수 있는데요. 가슴둘레보다 20~25cm 정도 여유분을 두고 선택하는 게 좋습니다. 가슴둘레가 85cm라면 S 사이즈를 선택할 수 있습니다. 모델은 2XL 사이즈를 착용했습니다.

기본 정보

사이즈	XS(S, M, L, XL)(2XL, 3XL, 4XL, 5XL)
가슴둘레	97(105, 109, 116, 124)(128, 137, 141, 151)cm
게이지	21코 28단 ｜ 3.75mm 바늘 ｜ 메리야스뜨기
실	엠야크의 티베탄 클라우드 실
소요량	바탕실 910(980, 1030, 1110, 1210)(1250, 1340, 1380, 1470)m
	배색실 220(230, 240, 265, 280)(290, 300, 310, 320)m
바늘	3.75mm, 3mm

STEP 1 뒤판

어깨

1. 3.75mm 바늘과 바탕실로 98(106, 108, 116, 124)(128, 136, 138, 146)코를 잡고 단 끝까지 안뜨기한다.
2. 겉면을 마주 보고 양 끝에서 각 33(37, 37, 41, 45)(45, 49, 49, 53)번째 코에 개방형 마커를 걸어 앞판 코 주울 위치를 미리 표시한다.
3. 어깨 경사뜨기를 다음과 같이 진행한다.

    1단(겉면) 겉뜨기 66(70, 72, 76, 80)(84, 88, 90, 94), 편물 돌리기
    2단(안면) DS 만들기, 안뜨기 37(37, 39, 39, 39)(43, 43, 45, 45), 편물 돌리기
    3단 DS 만들기, DS까지 겉뜨기, DS 뜨기, 겉뜨기 4, 편물 돌리기
    4단 DS 만들기, DS까지 안뜨기, DS 뜨기, 안뜨기 4, 편물 돌리기

4. 바늘에 모든 코를 다 뜰 때까지 3~4단을 반복하며 4코 단위로 경사뜨기 한다.
5. 마지막 두 단에서는 바늘에 걸린 코가 남아 있지 않기 때문에 편물을 돌린 뒤 DS를 만들지 않는다. 마지막 단은 안면을 뜨고 끝난다.

진동

1. 뒤판의 진동 길이가 코 잡은 곳에서부터 19(20, 20.5, 22, 23)(24, 24.5, 24.5, 25.5)cm 정도 될 때까지 뜬다. 마지막 단은 안면을 뜨고 끝난다. 실을 자르고 뒤판을 잠시 쉬게 한다.

STEP 2

앞판

왼쪽 앞판

1. 뒤판 겉면을 마주 보고 코 잡은 곳을 위로 오게 한 다음 코를 줍는다. 뒷목의 왼쪽 개방형 마커가 걸린 코부터 시작해서 왼쪽 끝까지 33(37, 37, 41, 45)(45, 49, 49, 53)코를 줍는다. 마커는 제거하고 다음과 같이 경사뜨기 한다.

    1단(안면) 단 끝까지 안뜨기
    2단(겉면) 겉뜨기 5, 편물 돌리기
    3단 DS 만들기, 단 끝까지 안뜨기
    4단 DS까지 겉뜨기, DS 뜨기, 겉뜨기 4, 편물 돌리기

2. 바늘에 모든 코를 다 뜰 때까지 3~4단을 반복하며 4코 단위로 경사뜨기 한다.
3. 마지막 단(겉면)에서는 단 끝까지 겉뜨기하며 DS를 뜬다.

    다음 단 단 끝까지 안뜨기

목둘레선 셰이핑

1. 단 시작에서 코를 늘려 목둘레선을 다음과 같이 만든다.

    1단(겉면) 겉뜨기 1, M1L, 단 끝까지 겉뜨기
    2단(안면) 단 끝까지 안뜨기

2. 1~2단을 4번 더 반복한다.

11단(겉면) 단 끝까지 겉뜨기
12단(안면) 단 끝까지 안뜨기, 감아코 2(2, 2, 2, 2)(3, 3, 3, 3)
13단 단 끝까지 겉뜨기
14단 단 끝까지 안뜨기, 감아코 3(3, 3, 3, 3)(4, 4, 4, 4)
15단 단 끝까지 겉뜨기
16단 단 끝까지 안뜨기, 감아코 2(2, 3, 3, 3)(3, 3, 4, 4), 배색실로 감아코 8

3. 총 53(57, 58, 62, 66)(68, 72, 73, 77)코가 된다. 다음 두 단을 반복하여 10cm 정도 될 때까지 총 28단을 뜨는데 앞판과 버튼 밴드를 동시에 뜬다. 배색실로 만든 감아코 8코는 버튼 밴드가 된다.

4. 배색은 인따르시아 방법으로 진행되며 실 색상이 바뀔 때 뜨고 있던 실이 다음에 뜰 실 위로 겹치게 한다. 마지막 단은 안면을 뜨고 끝난다.

   다음 단(겉면) 배색실로 실 뒤 걸러뜨기, *겉뜨기 1, 안뜨기 1* 3번 반복, 겉뜨기 1, 바탕실로 단 끝까지 겉뜨기
   다음 단(안면) 바탕실로 마지막 8코 남을 때까지 안뜨기, 배색실로 *안뜨기 1, 겉뜨기 1* 3번 반복, 안뜨기 2

단춧구멍

1. 단춧구멍은 9, 17, 25번째 단을 뜰 때 겉면에서 만든다.

   단춧구멍(겉면) 배색실로 실 뒤 걸러뜨기, 겉뜨기 1, 안뜨기 1, 겉뜨기 1, 바늘비우기, K2TOG, 안뜨기 1, 겉뜨기 1, 바탕실로 단 끝까지 겉뜨기

2. 실을 자르고 왼쪽 앞판을 잠시 쉬게 한다.

오른쪽 앞판

1. 뒤판 겉면을 마주 보고 코 잡은 곳을 위로 오게 한 다음 코를 줍는다. 오른쪽 끝에서부터 뒷목의 오른쪽 개방형 마커가 걸린 코까지 33(37, 37, 41, 45)(45, 49, 49, 53)코를 줍는다. 마커는 제거하고 다음과 같이 경사뜨기 한다.

   1단(안면) 단 끝까지 안뜨기
   2단(겉면) 단 끝까지 겉뜨기
   3단 안뜨기 5, 편물 돌리기
   4단 DS 만들기, 단 끝까지 겉뜨기
   5단 이전 단에서 만든 DS까지 안뜨기, DS 뜨기, 안뜨기 4, 편물 돌리기

2. 바늘에 모든 코를 다 뜰 때까지 4~5단을 반복하며 4코 단위로 경사뜨기 한다.
3. 마지막 단(겉면)에서는 DS를 만들지 않고 단 끝까지 겉뜨기한 뒤 다음 단에서는 안뜨기 하며 DS를 뜬다.

목둘레션 셰이핑

1. 목둘레션을 다음과 같이 만든다.

   1단(겉면) 마지막 1코 전까지 겉뜨기, M1R, 겉뜨기 1
   2단(안면) 단 끝까지 안뜨기

2. 1~2단을 4번 더 반복한다.

   11단(겉면) 단 끝까지 겉뜨기, 감아코 2(2, 2, 2, 2)(3, 3, 3, 3)
   12단(안면) 단 끝까지 안뜨기
   13단 단 끝까지 겉뜨기, 감아코 3(3, 3, 3, 3)(4, 4, 4, 4)
   14단 단 끝까지 안뜨기
   15단 단 끝까지 겉뜨기, 감아코 2(2, 3, 3, 3)(3, 3, 4, 4), 배색실로 감아코 8

3. 총 53(57, 58, 62, 66)(68, 72, 73, 77)코가 된다. 다음 두 단을 반복해 10cm 정도 될 때까지 총 29단을 뜨는데 앞판과 버튼 밴드를 동시에 뜬다. 배색실로 만든 감아코 8코는 버튼 밴드가 된다.
4. 배색은 인타르시아 방법으로 진행되며 실 색상이 바뀔 때 뜨고 있던 실이 다음에 뜰 실 위로 겹치게 한다. 마지막 단은 안면을 뜨고 끝난다.

    다음 단(안면) 배색실로 실 앞 걸러뜨기, *안뜨기 1, 겉뜨기 1* 3번 반복, 안뜨기 1, 바탕실로 단 끝까지 안뜨기
    다음 단(겉면) 바탕실로 마지막 8코 남을 때까지 겉뜨기, 배색실로 *겉뜨기 1, 안뜨기 1* 3번 반복, 겉뜨기 2

5. 실을 자르지 않는다.

앞판 합치기

1. 바탕실로 오른쪽 앞판 마지막 8코가 남을 때까지 겉뜨기한다.
2. 오른쪽 앞판 마지막 8코를 장갑 바늘에 옮겨 왼쪽 앞판 첫 8코 아래에 겹쳐둔다.
3. 위에 있는 바늘의 1코와 아래에 있는 바늘의 1코를 8번 모아뜨기 한다.
4. 왼쪽 앞판을 이어서 단 끝까지 겉뜨기한다. 총 98(106, 108, 116, 124)(128, 136, 138, 146)코가 된다.
5. 앞판의 진동 길이가 코 주운 곳에서부터 19(20, 20.5, 22, 23)(24, 24.5, 24.5, 25.5)cm 정도 될 때까지 뜬다. 마지막 단은 안면을 뜨고 끝난다.

S
T
E
P

3

몸통

앞판과 뒤판 합치기

1. 앞판과 뒤판을 다음과 같이 합친다.

   연결 단 앞판의 단 끝까지 겉뜨기, 감아코 4(4, 6, 6, 6)(6, 8, 10, 12), 뒤판의 단 끝까지 겉뜨기, 마커 걸기(시작점), 감아코 4(4, 6, 6, 6)(6, 8, 10, 12)

2. 총 204(220, 228, 244, 260)(268, 288, 296, 316)코가 된다.

배색 구간

1. 이제부터 원통뜨기로 메리야스뜨기 하는데 배색 간격을 다음과 같이 유지하며 뜬다.

   1~2단 배색실로 뜨기
   3~12단 바탕실로 뜨기

2. 1~12단을 6~10번 반복한다. 6번 정도 반복하면 여성용, 10번 정도 반복하면 남성용이다.

몸통 고무단

1. 바탕실을 자르고 3mm 바늘로 바꿔서 배색실로 단 끝까지 겉뜨기한다.
2. *겉뜨기 1, 안뜨기 1*을 반복하여 1코 고무뜨기를 6cm 정도 뜨고 코를 막는다.

STEP 4 소매

소매

1. 3.75mm 바늘과 바탕실로 겨드랑이 가운데에서 2(2, 3, 3, 3)(3, 4, 5, 6)코를 줍고 진동 둘레를 따라 70(72, 76, 80, 86)(88, 92, 92, 94)코를 줍고 다시 겨드랑이에서 2(2, 3, 3, 3)(3, 4, 5, 6)코를 줍는다. 마커를 걸어 시작점을 표시하고 원통뜨기 한다. 총 74(76, 82, 86, 92)(94, 100, 102, 106)코가 된다.
2. 메리야스뜨기로 소매를 뜨는데 8(8, 7, 6, 6)(6, 6, 6, 6)단마다 코 줄임을 다음과 같이 한다.

    코 줄임 단 겉뜨기 1, K2TOG, 마지막 3코 남을 때까지 겉뜨기, SSK, 겉뜨기 1

3. 코 줄임을 총 11(12, 14, 16, 18)(18, 20, 20, 22)번 하고 소매 길이가 36(37, 37, 38, 39)(44, 45, 46, 47)cm 또는 원하는 길이보다 6cm 정도 짧게 코 줄임 없이 뜬다. 총 52(52, 54, 54, 56)(58, 60, 62, 62)코가 된다.

소매 고무단

1. 바탕실을 자르고 3mm 바늘로 바꿔서 배색실로 단 끝까지 겉뜨기한다.
2. *겉뜨기 1, 안뜨기 1*을 반복하여 1코 고무뜨기를 6cm 정도 뜨고 코를 막는다.

STEP 5 칼라

칼라

1. 3mm 바늘과 배색실로 목둘레선을 따라 코를 주워 칼라를 뜬다.
2. 편물 겉면을 마주 보고 오른쪽 버튼 밴드에서 8코를 줍고 오른쪽 목둘레선부터 뒤판까지 26(27, 28, 30, 31)(33, 34, 35, 37)코를 줍고 뒤판에서 31(31, 33, 33, 33)(37, 37, 39, 39)코를 줍는다. 왼쪽 앞판도 오른쪽 앞판과 같은 수로 코를 주운 뒤 마지막으로 왼쪽 버튼 밴드에서 8코를 줍는다. 총 99(101, 105, 109, 111)(119, 121, 125, 129)코가 된다.

   1단(안면) 실을 앞에 두고 걸러뜨기, 마지막 2코 남기고 *안뜨기 1, 겉뜨기 1* 반복, 안뜨기 2
   2단(겉면) 실을 뒤에 두고 걸러뜨기, 마지막 2코 남기고 *겉뜨기 1, 안뜨기 1* 반복, 겉뜨기 2

3. 1~2단을 반복하여 4cm 정도 뜨고 3.75mm 바늘로 바꿔 6cm 정도 더 뜬 뒤 코를 막는다.

Bom Tee

봄 티

작품 개요

봄 티는 헨리넥 래글런 스타일의 스웨터입니다. 목둘레선 앞에 트인 부분은 단추를 달아도 되고 단추 없이 활동성 있게 입어도 좋습니다.

사이즈 선택하기

봄 티는 20~25cm 정도 여유분을 두고 입는 게 좋습니다. 사이즈에 따라 목둘레선도 달라지지만, 단추를 달아 여밀 수 있으니 걱정하지 마세요. 여유로운 사이즈를 원하는데 목둘레선이 커지는 걸 원하지 않는다면 작은 사이즈로 뜨고 래글런 코 늘림 횟수를 늘립니다. 모델은 3XL 사이즈를 착용했습니다.

기본 정보

사이즈	XS(S, M, L, XL)(2XL, 3XL, 4XL, 5XL)
가슴둘레	93(100, 104, 107, 115)(118, 124, 129, 134)cm
게이지	22코 26단 │ 4mm 바늘 │ 메리야스뜨기
실	존 아르본 텍스타일의 데보니아 실
소요량	940(1030, 1130, 1170, 1250)(1290, 1350, 1430, 1490)m
바늘	4mm, 3.5mm

요크

<u>요크</u>

1. 4mm 바늘로 68(74, 74, 78, 80)(86, 88, 94, 94)코를 잡는다.
2. 마커 4개를 준비해 래글런 코 늘림을 다음과 같이 준비한다.

    셋업 단(안면) 안뜨기 3, 마커 걸기, 안뜨기 11(13, 13, 15, 15)(17, 17, 19, 19), 마커 걸기, 안뜨기 41(43, 43, 43, 45)(47, 49, 51, 51), 마커 걸기, 안뜨기 11(13, 13, 15, 15)(17, 17, 19, 19), 마커 걸기, 안뜨기 2

3. [앞판] 2코, [소매] 10(12, 12, 14, 14)(16, 16, 18, 18)코, [뒤판] 40(42, 42, 42, 44)(46, 48, 50, 50)코가 된다. 겉면에서 볼 때 마커 다음 코는 래글런 스티치가 된다.

    1단(겉면) *마커까지 겉뜨기, M1R, 마커 넘기기, 겉뜨기 1, M1L* 4번 반복, 단 끝까지 겉뜨기
    2단(안면) 단 끝까지 안뜨기
    3단 겉뜨기 2, M1L, *마커까지 겉뜨기, M1R, 마커 넘기기, 겉뜨기 1, M1L* 4번 반복, 마지막 2코 남을 때까지 겉뜨기, M1R, 겉뜨기 2
    4단 단 끝까지 안뜨기

4. 1~4단까지 3번 더 반복한다. [앞판] 14코, [소매] 26(28, 28, 30, 30)(32, 32, 34, 34)코, [뒤판] 56(58, 58, 58, 60)(62, 64, 66, 66)코가 된다.

5. 계속해서 1~2단을 3번 더 반복하는데 매번 단 끝에서 감아코 2코를 만든다. [앞판] 23코, [소매] 32(34, 34, 36, 36)(38, 38, 40, 40)코, [뒤판] 62(64, 64, 64, 66)(68, 70, 72, 72)코가 된다.

   다음 단(겉면) *마커까지 겉뜨기, M1R, 마커 넘기기, 겉뜨기 1, M1L* 4번 반복, 단 끝까지 겉뜨기, 감아코 13(14, 14, 14, 15)(16, 17, 18, 18)
   다음 단(안면) 단 끝까지 안뜨기, 감아코 13(14, 14, 14, 15)(16, 17, 18, 18)

6. [앞판] 37(38, 38, 38, 39)(40, 41, 42, 42)코, [소매] 34(36, 36, 38, 38)(40, 40, 42, 42)코, [뒤판] 64(66, 66, 66, 68)(70, 72, 74, 74)코가 된다.

버튼 밴드

1. 래글런 코를 늘리는데 첫 9코와 마지막 9코는 버튼 밴드를 만든다.

   1단(겉면) 실 뒤 걸러뜨기, *겉뜨기 1, 안뜨기 1* 4번 반복, 래글런 늘림, 마지막 9코 남을 때까지 겉뜨기, *안뜨기 1, 겉뜨기 1* 4번 반복, 겉뜨기 1
   2단(안면) 실 앞 걸러뜨기, *안뜨기 1, 겉뜨기 1* 4번 반복, 마지막 9코 남을 때까지 안뜨기, *겉뜨기 1, 안뜨기 1* 4번 반복, 안뜨기 1

2. 1~2단을 1번 더 반복한다. 1단만 1번 더 반복하고 단춧구멍을 다음과 같이 만든다.

3. 왼쪽 버튼 밴드에 개방형 마커를 달아서 단추 위치를 미리 표시한다. 단춧구멍은 총 2개를 만들고 나중에 목 단에서 하나를 더 만들게 된다.

6단(안면) 실 앞 걸러뜨기, *안뜨기 1, 겉뜨기 1* 2번 반복, 바늘비우기, K2TOG, 안뜨기 1, 겉뜨기 1, 마지막 9코 남을 때까지 안뜨기, *겉뜨기 1, 안뜨기 1* 4번 반복, 안뜨기 1

7~15단 래글런 늘림 하며 1~2단처럼 뜨기

16단 6단과 같이 단춧구멍

17~22단 래글런 늘림 하며 1~2단처럼 뜨기

23단(겉면) 마지막 10코 남을 때까지 래글런 늘림, 마지막 10코는 3.5mm 장갑 바늘에 옮기기

4. 다음 사진처럼 오른쪽 앞판 버튼 밴드가 위로 올라오게 겹쳐 놓고 장갑 바늘에 있는 첫 코와 왼쪽 바늘에 있는 첫 코에 오른쪽 바늘을 차례로 넣고 2코를 한꺼번에 겉뜨기한다. 장갑 바늘과 왼쪽 바늘의 첫 코가 합쳐졌다. 남은 9코도 같은 방식으로 버튼 밴드를 합쳐 준다.

5. 다음 마커까지 겉뜨기하고 이제부터는 원통뜨기 하는데 왼쪽 앞판과 소매 사이의 마커가 있는 곳을 원통뜨기 시작점으로 정한다. 겉뜨기로 한 단을 뜨며 한 바퀴 돈다.

6. 계속해서 래글런 늘림을 다음과 같이 한다.

1단 *M1R, 마커 넘기기, 겉뜨기 1, M1L, 마커까지 겉뜨기* 4번 반복

2단 단 끝까지 겉뜨기

7. 1~2단을 1(3, 5, 7, 9)(10, 11, 12, 13)번 더 반복한다. [앞판과 뒤판 각] 92(98, 102, 106, 112)(116, 120, 124, 126)코, [소매] 62(68, 72, 78, 82)(86, 88, 92, 94)코가 된다.

STEP 2 몸통

소매 분리

1. 이제 소매를 분리하면서 시작 마커를 제외한 나머지 마커는 모두 제거한다. 시작점은 계속 유지한다. 래글런 스티치 모두 몸통에 포함된다.

    1단 마커 넘기기(시작 마커), 겉뜨기 1(래글런 스티치), 소매 62(68, 72, 78, 82)(86, 88, 92, 94)코 스티치 홀더에 옮기기, 감아코 8(10, 10, 10, 12)(12, 14, 16, 18), 마커 제거, 래글런 스티치를 포함해 뒤판 뜨기, 마커 제거, 겉뜨기 1(래글런 스티치), 소매 코 스티치 홀더에 옮기기, 감아코 8(10, 10, 10, 12)(12, 14, 16, 18), 마커 제거, 래글런 스티치를 포함해 앞판 시작 마커까지 뜨기

2. 총 204(220, 228, 236, 252)(260, 272, 284, 292)코가 된다. 겨드랑이에서 28cm 또는 원하는 길이가 될 때까지 원통뜨기 한다. 다음 단에서 3.5mm 바늘로 바꿔서 코를 줄인다. 코 줄임은 K2TOG를 사용하여 다음 사이즈별 지침과 같이 균일하게 코를 줄인다.

    XS *겉뜨기 11, K2TOG* 12번 반복, *겉뜨기 10, K2TOG* 4번 반복(총 16코 감소)
    S *겉뜨기 12, K2TOG* 12번 반복, *겉뜨기 11, K2TOG* 4번 반복(총 16코 감소)
    M *겉뜨기 12, K2TOG* 12번 반복, *겉뜨기 13, K2TOG* 4번 반복(총 16코 감소)
    L *겉뜨기 11, K2TOG* 16번 반복, *겉뜨기 12, K2TOG* 4번 반복(총 18코 감소)
    XL *겉뜨기 11, K2TOG* 12번 반복, *겉뜨기 10, K2TOG* 4번 반복(총 20코 감소)
    2XL *겉뜨기 11, K2TOG* 20번 반복(총 20코 감소)
    3XL *겉뜨기 12, K2TOG* 12번 반복, *겉뜨기 11, K2TOG* 8번 반복(총 20코 감소)
    4XL *겉뜨기 11, K2TOG* 20번 반복, *겉뜨기 10, K2TOG* 2번 반복(총 22코 감소)
    5XL *겉뜨기 11, K2TOG* 16번 반복, *겉뜨기 12, K2TOG* 6번 반복(총 22코 감소)

몸통 고무단

1. *겉뜨기 1, 안뜨기 1*을 반복하여 1코 고무뜨기를 6cm 정도 뜨고 코를 막는다.

STEP 3 소매

소매

1. 스티치 홀더에 있는 소매 코를 모두 4mm 바늘에 옮긴다.
2. 겨드랑이에서 8(10, 10, 10, 12)(12, 14, 16, 18)코를 줄이는데 가운데에 마커를 걸어 시작점을 표시하고 원통뜨기 한다. 총 70(78, 82, 88, 94)(98, 102, 108, 112)코가 된다.
3. 겉뜨기하며 소매를 뜨는데 8(7, 7 6, 5)(5, 5, 4, 4)번째 단마다 코를 다음과 같이 줄인다.

   코 줄임 단 겉뜨기 1, K2TOG, 마지막 3코 남을 때까지 겉뜨기, SSK, 겉뜨기 1

4. 코 줄임을 총 11(14, 15, 17, 19)(21, 22, 24, 25)번 하고 소매 길이가 40cm 또는 원하는 길이가 될 때까지 코 줄임 없이 뜬다. 총 48(50, 52, 54, 56)(56, 58, 60, 62)코가 된다.

소매 고무단

1. 3.5mm 바늘로 바꿔서 균일하게 4코를 더 줄이고 *겉뜨기 1, 안뜨기 1*을 반복하여 1코 고무뜨기를 6cm 정도 뜬 뒤 코를 막는다.

STEP 4 목 단

목 단(넥밴드)

1. 겉면을 마주 보고 3.5mm 바늘로 오른쪽 앞판 끝에서부터 코를 줍는다.
2. 앞목의 코를 잡았던 곳에서 13(14, 14, 14, 15)(16, 17, 18, 18)코를 줍고 앞판 나머지 부분에서 18코를 줍는다. 소매에서 10(12, 12, 14, 14)(16, 16, 18, 18)코를 줍고 뒤판에서 41(43, 43, 43, 45)(47, 49, 51, 51)코를 줍는다.
3. 반대편도 똑같이 줍는다. 전체 콧수는 홀수가 되게 한다. 총 125(131, 131, 135, 139)(147, 152, 159, 159)코가 된다.
4. 목 단을 다음과 같이 평면뜨기 한다.

   1, 3, 5단(안면) 실 앞 걸러뜨기, 마지막 2코 남을 때까지 *안뜨기 1, 겉뜨기 1* 반복, 안뜨기 2
   2, 4단(겉면) 실 뒤 걸러뜨기, 마지막 2코 남을 때까지 *겉뜨기 1, 안뜨기 1* 반복, 겉뜨기 2
   6단(단춧구멍) 실 뒤 걸러뜨기, *겉뜨기 1, 안뜨기 1* 2번 반복, 바늘비우기, P2TOG, 마지막 2코 남을 때까지 *겉뜨기 1, 안뜨기 1* 반복, 겉뜨기 2

5. 1~2단을 반복하여 5단을 더 뜨고 코를 막는다.

Manchelopis Hoodie

만체로피 후디

작품 개요

만체로피 후디는 실용성 넘치는 스웨터로 목둘레선에 지퍼를 달아 여밀 수 있습니다. 긴소매를 주로 설명하고 있지만 반소매도 가능한 니트예요. 만체로피 실은 가공하지 않은 실(Unspun yarn)로 양털이 그대로 뭉쳐 있는 게 특징입니다. 실을 당기거나 힘을 주면 쉽게 끊어지는데 끊어진 실을 겹쳐 손바닥으로 비비면 이어 사용할 수 있답니다.

사이즈 선택하기

후드와 스웨터의 사이즈는 연결됩니다. 후드는 크게, 스웨터는 작게 뜰 수는 없어요. 후드 자체가 넉넉한 편이지만 더 헐렁한 느낌을 원한다면 머리 구간을 길게 떠 줍니다. 스웨터는 가슴둘레보다 25cm 정도 여유분을 두는 게 좋아요. 모델은 S 사이즈를 착용했습니다.

기본 정보

사이즈	XS(S, M, L, XL)(2XL, 3XL, 4XL, 5XL)
가슴둘레	102(105, 112, 116.5, 123.5)(128, 133, 140, 145)cm
게이지	17코 24단 ｜ 5mm 바늘 ｜ 메리야스뜨기
실	긴소매 울드리머스의 만체로피 실 반소매 게파드 간의 퓨라 라나와 키드 세타 모헤어 실 한 쌍
소요량	긴소매 730(750, 790, 820, 880)(900, 930, 1000, 1020)m 반소매 631(647, 673, 695, 750)(765, 791, 842, 862)m
바늘	5mm, 4.5mm, 4mm, 3.5mm

1 후드

후드 끈 만들기

1. 후드부터 시작해서 몸통을 다 뜰 때까지 실을 끊지 않기 때문에 후드 끈을 먼저 만든다.
2. 3.5mm 장갑 바늘로 아이코드를 다음과 같이 만든다.

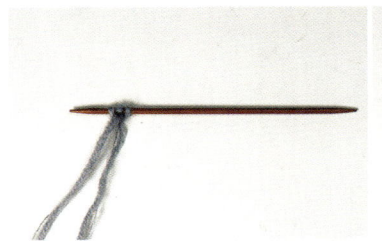
① 3코를 잡는다.

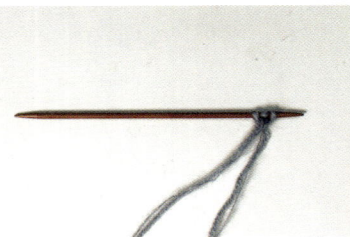
② 바늘의 오른쪽에 3코를 위치시킨다.

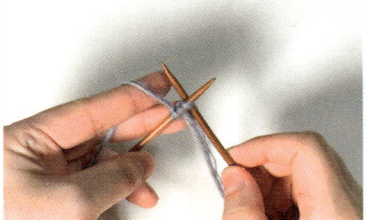
③ 3코를 겉뜨기한다.

④ 다시 바늘의 오른쪽으로 3코를 민다.

⑤ 3코를 겉뜨기한다.

⑥ 이 과정을 반복해 아이코드 길이가 80cm 또는 원하는 길이가 될 때까지 뜨고 코를 막는다.

정수리 셰이핑

1. 5mm 바늘로 주디스 매직 캐스트온을 사용해 54(54, 54, 56)(56, 56, 58, 58)코를 잡는다. 각 바늘에는 27(27, 27, 27, 28)(28, 28, 29, 29)코씩 걸려 있다.
2. 지침은 바늘 1과 바늘 2로 나뉘는데 바늘 2개를 모두 뜨면 한 단이 끝난다.
3. 편물을 돌려 안면을 마주 보고 평면뜨기를 다음과 같이 시작한다.

    1단(안면) 바늘1 │ 바늘 1의 마지막 4코 남을 때까지 안뜨기, 마커 걸기, 안뜨기 4
    바늘2 │ 안뜨기 4, 마커 걸기, 단 끝까지 안뜨기
    2단(겉면) 바늘1 │ 마커까지 겉뜨기, M1R, 마커 넘기기, 바늘 1의 마지막 1코 남을 때까지 겉뜨기, M1R, 겉뜨기 1
    바늘2 │ 겉뜨기 1, M1L, 마커까지 겉뜨기, 마커 넘기기, M1L, 단 끝까지 겉뜨기
    3단 단 끝까지 안뜨기

4. 2~3단을 4(4, 4, 4, 5)(5, 5, 6, 6)번 더 반복한다. 총 74(74, 74, 74, 80)(80, 80, 86, 86)코가 된다.
5. 이제 다음과 같이 한 단에 2코씩 늘리는데 첫 단을 뜨면서 마커는 제거한다.

    1단(겉면) 바늘1 │ 바늘 1의 마지막 1코 남을 때까지 겉뜨기, M1R, 겉뜨기 1
    바늘2 │ 겉뜨기 1, M1L, 단 끝까지 겉뜨기
    2단(안면) 단 끝까지 안뜨기

6. 1~2단을 5번 더 반복한다. 총 86(86, 86, 86, 92)(92, 92, 98, 98)코가 된다.

머리

1. 이제 더 이상 코를 늘리지 않고 후드 길이가 코 잡은 곳에서부터 29~30cm 정도 될 때까지 메리야스뜨기 한다. 마지막 단은 안면을 뜨고 끝난다.

뒷목 셰이핑

1. 이제 뒷목에서 코를 다음과 같이 줄인다.

    1단(겉면) 바늘1 ｜ 바늘 1의 마지막 3코 남을 때까지 겉뜨기, SSK, 겉뜨기 1
    바늘2 ｜ 겉뜨기 1, K2TOG, 단 끝까지 겉뜨기
    2단(안면) 단 끝까지 안뜨기

2. 1~2단을 3번 더 반복한다. 총 78(78, 78, 78, 84)(84, 84, 90, 90)코가 된다.

목둘레선 셰이핑

1. 경사뜨기하여 후드 아래 양 끝의 길이를 늘인다.

    1단(겉면) 겉뜨기 10(10, 10, 10, 12)(12, 12, 12, 12), 편물 돌리기
    2단(안면) DS 만들기, 단 끝까지 안뜨기
    3단 DS 앞 1코 남을 때까지 겉뜨기, 편물 돌리기
    4단 DS 만들기, 단 끝까지 안뜨기

2. 3~4단을 3(3, 3, 3, 4)(4, 4, 4, 4)번 더 반복한다.

    다음 단 단 끝까지 겉뜨기

3. 후드의 반대쪽 길이를 다음과 같이 늘인다.

    1단(안면) 안뜨기 10(10, 10, 10, 12)(12, 12, 12, 12), 편물 돌리기
    2단(겉면) DS 만들기, 단 끝까지 겉뜨기
    3단 DS 앞 1코 남을 때까지 안뜨기, 편물 돌리기
    4단 DS 만들기, 단 끝까지 겉뜨기

4. 3~4단을 3(3, 3, 3, 4)(4, 4, 4, 4)번 더 반복한다.

    다음 단 단 끝까지 안뜨기
    다음 단 단 끝까지 겉뜨기

후드 겹단

1. 후드의 가장자리를 따라 겹단을 만든다.
2. 4.5mm 바늘로 실이 걸려 있는 오른쪽 끝에서 시작해서 반대쪽 끝까지 코를 줍는다.
3. 안면에서 시작하여 메리야스뜨기를 2단 하고 후드 끈 구멍을 다음과 같이 만든다.

    3단(안면) 안뜨기 2, P2TOG, 바늘비우기, 마지막 4코 남을 때까지 안뜨기, 바늘비우기, P2TOG, 안뜨기 2

4. 겉면에서 시작하여 6단을 메리야스뜨기 하고 코를 다음 과정과 같이 막는다.

① 안면을 마주 보고 코를 주울 때 만들어진 솔기 옆의 안뜨기 코를 줍는다.
② 왼쪽 바늘 위로 올리고 첫 코와 함께 K2TOG 한다.
③ 완료된 모습이다.

④ 다음 코는 겉뜨기한다.
⑤ 오른쪽 바늘의 2번째 코를 왼쪽 바늘로 끌어 올려 1번째 코 위로 덮어씌워 코를 막는다.
⑥ 이 과정을 반복해 왼쪽 바늘에 걸린 코와 같은 위치의 안뜨기 코를 주워 올린다. 아이코드를 삽입하며 단 끝까지 진행한다.

5. 겹단 코 막음 과정이 모두 끝났다면 1코가 남은 상태에서 실을 자르지 않고 후드의 코들을 모두 바늘에 옮기고 후드 겹단에서 코를 다음 과정과 같이 줍는다.

만드는 법

① 겉면을 마주 본다.

② 후드 겹단의 겉면과 안면에서 반코씩 주워(총 2줄) 왼쪽 바늘에 올린다.

③ 주워 올린 2코를 한꺼번에 K2TOG 한다.

④ 완료된 모습이다.

⑤ 이 과정을 2번 더 반복한다.

⑥ 총 3코가 더 만들어진 상태에서 겉뜨기 3, K2TOG, 단 끝까지 겉뜨기한다.

⑦ 반대쪽도 같은 방법으로 3코를 만들어준다.

⑧ 완료된 모습이다.

6. 계속해서 메리야스뜨기로 5단을 더 뜬다. 안면에서 5번째 아래에 있는 안뜨기 코를 끌어 올려 겹단으로 만든다.

7. 겹단 코 막음 과정과 같이 편물의 안면을 마주 보고 왼쪽 바늘의 첫 코에서 5번째 아래에 있는 안뜨기 코를 끌어 올려 K2TOG 한다. 다음 코를 겉뜨기하고 다시 5번째 아래에 있는 안뜨기 코를 끌어 올려 K2TOG 한다. 이와 같은 방식으로 단 끝까지 반복한다. 이번에는 코를 막지 않는다.

STEP 2

요크

요크

1. 5mm 바늘로 바꿔서 다음과 같이 안뜨기하며 마커를 걸어 래글런 늘림 위치를 표시한다.

   1단(안면) 안뜨기 11(11, 11, 11, 12)(12, 12, 13, 13), 마커 걸기, 안뜨기 3, 마커 걸기 [오른쪽 앞판], 안뜨기 14(14, 14, 14, 15)(15, 15, 16, 16), 마커 걸기, 안뜨기 3, 마커 걸기 [오른쪽 소매], 안뜨기 22(22, 22, 22, 24)(24, 24, 26, 26), 마커 걸기, 안뜨기 3, 마커 걸기 [뒤판], 안뜨기 14(14, 14, 14, 15)(15, 15, 16, 16), 마커 걸기, 안뜨기 3, 마커 걸기 [왼쪽 소매], 안뜨기 11(11, 11, 11, 12)(12, 12, 13, 13) [왼쪽 앞판]

2. 2단부터는 [래글런 늘림] 하며 경사뜨기 하는데 2단의 뒤판 가운데에서 M1L 하여 1코를 늘린다.

   [래글런 늘림] *마커까지 겉뜨기, M1R, 마커 넘기기, 겉뜨기 3, 마커 넘기기, M1L* 4번 반복

   2단(겉면) 10(10, 10, 10, 12)(12, 12, 12, 12)코 남을 때까지 래글런 늘림 하며 겉뜨기, 편물 돌리기
   3단(안면) DS 만들기, 10(10, 10, 10, 12)(12, 12, 12, 12)코 남을 때까지 안뜨기, 편물 돌리기
   4단 DS 만들기, DS까지 래글런 늘림 하며 겉뜨기, DS 뜨기, 겉뜨기 2, 편물 돌리기
   5단 DS 만들기, DS까지 안뜨기, DS 뜨기, 안뜨기 2, 편물 돌리기

3. 4~5단을 3(3, 3, 3, 4)(4, 4, 4, 4)번 더 반복하는데 마지막 두 단에서는 편물을 돌린 뒤 DS를 만들지 않는다.

[래글런 늘림] *마커까지 겉뜨기, M1R, 마커 넘기기, 겉뜨기 3, 마커 넘기기, M1L* 4번 반복, 단 끝까지 겉뜨기

4. 계속해서 경사뜨기는 하지 않고 2단에 1번 [래글러 늘림]을 한다(래글러 늘림 한 단, 안뜨기 한 단). 앞목 길이(편물의 양 끝)가 12cm 정도 될 때까지 평면뜨기 하여 지퍼가 달릴 공간을 마련한다. 마지막 단은 겉면을 뜨고 끝난다.

5. 편물을 돌리지 않고 감아코 1코를 만들어 마커를 걸고 시작점을 표시한 뒤 왼쪽 앞판을 이어서 뜬다. 다음과 같이 원통뜨기 하여 안뜨기 대신 겉뜨기로 뜬다(래글런 늘림 한 단, 겉뜨기 한 단). 소매가 60(62, 66, 68, 71)(73, 75, 76, 76)코가 될 때까지 [래글런 늘림]을 한다.

6. 이제 소매 코는 늘리지 않고 앞판과 뒤판 코만 다음과 같이 늘린다.

   1단 *마커까지 겉뜨기, M1R, 마커 넘기기, 겉뜨기 3, 마커 제거, 마커까지 겉뜨기, 마커 제거, 겉뜨기 3, 마커 넘기기, M1L* 2번 반복, 단 끝까지 겉뜨기
   2단 단 끝까지 겉뜨기
   3단 *마커까지 겉뜨기, M1R, 마커 넘기기, 마커까지 겉뜨기, 마커 넘기기, M1L* 2번 반복, 단 끝까지 겉뜨기
   4단 단 끝까지 겉뜨기

7. 3~4단을 3(4, 4, 5, 6)(7, 8, 9, 11)번 더 반복한다. 총 286(298, 314, 326, 344)(356, 368, 378, 386)코가 된다.

STEP 3 몸통

소매 분리

1. 소매를 다음과 같이 분리한다.

    1단 *마커까지 겉뜨기, 마커 제거, 겉뜨기 3, 다음 마커 앞 3코 남기고 소매 60(62, 66, 68, 71)(73, 75, 76, 76)코 스티치 홀더에 옮기기, 감아코 4(4, 4, 4, 4)(4, 4, 6, 6), 겉뜨기 3, 마커 제거* 2번 반복, 단 끝까지 겉뜨기

2. 총 174(182, 190, 198, 210)(218, 226, 238, 246)코가 된다. 마커를 제거하고 오른쪽 뒤판과 겨드랑이 감아코 사이에 마커를 걸어 시작점을 새로 정한다.

3. 계속해서 몸통을 뜨는데 밑단을 겹단으로 마무리하는 경우 26cm 또는 원하는 길이만큼 뜨고, 몸통 고무단으로 마무리하는 경우 23cm 또는 원하는 길이보다 7cm 짧게 뜬다.

밑단 선택(1) 겹단

1. 겉뜨기하면서 균일하게 16(18, 18, 18, 18)(18, 20, 20, 20)코를 줄인다.
2. 겉뜨기로 7단을 뜨고 4.5mm 바늘로 바꿔서 다음 단을 안뜨기로 떠서 밑단이 접히는 라인을 만든다. 겉뜨기로 다시 7단을 뜨고 안뜨기 단을 기준으로 밑단을 안쪽으로 접어 겹단 코 막음으로 마무리 한다.

밑단 선택(2) 몸통 고무단

1. 4.5mm 바늘로 *겉뜨기 1, 안뜨기 1*을 반복하여 1코 고무뜨기를 7cm 정도 뜨고 코를 막는다.

STEP 4

소매

소매

1. 스티치 홀더에 있는 소매 코를 모두 5mm 바늘로 옮긴다.
2. 겨드랑이 가운데서 2(2, 2, 2, 2)(2, 2, 3, 3)코를 줍고 겨드랑이와 소매 코 사이에서 1코를 주워 구멍이 생기지 않도록 한다. 소매 코를 모두 겉뜨기하고 소매 코와 겨드랑이 사이에서 1코를 주워 구멍을 막고 겨드랑이에서 2(2, 2, 2)(2, 2, 3, 3)코를 줍는다. 총 66(68, 72, 74, 77)(79, 81, 84, 84)코가 된다.
3. 마커를 걸어 시작점을 표시하고 원통뜨기 한다. 겉뜨기로 7단을 뜨고 8번째 단마다 코 줄임을 11(11, 12, 12, 12)(12, 12, 13, 13)번 한다. 반소매로 뜨는 경우 코 줄임을 3번만 하거나 원하는 길이가 될 때까지 뜬다.

   코 줄임 단 겉뜨기 1, K2TOG, 마지막 3코 남기고 겉뜨기, SSK, 겉뜨기 1

4. 총 44(46, 48, 50, 53)(55, 57, 58, 58)코가 된다.

소매 밑단과 마무리

1. 소매 길이 원하는 길이만큼 뜨고 소매 밑단을 시작한다.
2. 겉뜨기로 5단을 뜨고 4mm 바늘로 바꿔서 다음 단을 안뜨기로 떠서 밑단이 접히는 라인을 만든다. 겉뜨기로 다시 5단을 뜨고 안뜨기 단을 기준으로 밑단을 안쪽으로 접어 겹단 코 막음으로 마무리 한다.
3. 완성한 편물을 세탁해 블로킹(모양잡기)한 다음 사진처럼 시침 핀을 이용해 지퍼의 위치를 고정하고 바느질한다.

Byoel Scarf

별빛 스카프

작품 개요

스카프는 쌀쌀한 날씨에 목을 감싸 체온을 유지할 수 있는 패션 아이템이지요. 실이 가볍고 부드러워 착용하기 좋습니다.

사이즈 선택하기

스카프는 한 가지 사이즈로 설명되어 있습니다. 하지만 코 늘림 구간에서 원하는 콧수가 될 때까지 코를 늘려 크게 만들 수 있어요. 무늬가 반복되기 때문에 길이 또한 자유롭게 늘릴 수 있습니다. 목에 한 번 감는 길이는 도안과 같이 95cm 정도이고 두 번 감는 길이는 130cm 정도입니다.

기본 정보

너비/길이	7/95cm
게이지	35코 29단 ｜ 4mm 바늘 ｜ 무늬뜨기
실	카디프의 캐시미어 클래식 실
소요량	100m
바늘	4mm

S
T
E
P

1 코 늘림

<u>무늬뜨기</u>

1. 4mm 바늘로 3코를 잡고 시작한다.

    1, 3단(안면) 마지막 1코 남을 때까지 안뜨기, 실 앞 걸러뜨기
    2단(겉면) 겉뜨기 1, M1L, 마지막 1코 남을 때까지 겉뜨기, 실 뒤 걸러뜨기
    4단 마지막 1코 남을 때까지 겉뜨기, 실 뒤 걸러뜨기

2. 1~4단을 3번 더 반복한다. 총 7코가 된다.
3. 무늬뜨기를 시작하는데 이제부터 '별(★)'이 표시된 곳은 다음 과정과 같은 무늬로 뜬다.

① 실을 앞에 두고 다음 3코에 오른쪽 바늘을 넣는다.   ② 안뜨기하듯이 오른쪽 바늘에 실을 감아 바늘을 뺀다.   ③ 바늘비우기 한다.

④ 다시 3코에 바늘을 넣어 안뜨기한다.   ⑤ 완성된 모습이다(콧수 변화 없음).

17단(안면) 안뜨기 1, ★, 마지막 1코 남을 때까지 안뜨기, 실 앞 걸러뜨기
18단(겉면) 2단과 동일
19단 안뜨기 3, ★, 마지막 1코 남을 때까지 안뜨기, 실 앞 걸러뜨기
20단 4단과 동일

4. 이제부터 모든 겉면에서는 겉뜨기하는데 4단에 1번씩 2단과 같이 코를 늘린다(1번째 겉면에서는 코를 늘리고 2번째 겉면에서는 코를 늘리지 않는다). 마지막 코는 항상 실 뒤 걸러뜨기 한다.

21단 17단과 동일
23단 19단과 동일
25단 마지막 1코 남을 때까지 *안뜨기 1, ★* 반복, 실 앞 걸러뜨기
27단 19단과 동일
29단 마지막 1코 남을 때까지 *안뜨기 1, ★* 반복(마지막 코를 제외하고 남은 코가 3코보다 적어서 ★무늬를 뜨지 못하면 모두 안뜨기), 실 앞 걸러뜨기
31단 안뜨기 3, ★, 안뜨기 1, ★, 실 앞 걸러뜨기
33단 29단과 동일
35단 안뜨기 3, 마지막 1코 남을 때까지 *★, 안뜨기 1* 반복, 실 앞 걸러뜨기
37단 29단과 동일
39단 안뜨기 3, 마지막 1코 남을 때까지 *★, 안뜨기 1* 반복(마지막 코를 제외하고 남은 코가 3코보다 적어서 ★무늬를 뜨지 못하면 모두 안뜨기), 실 앞 걸러뜨기

5. 계속해서 마지막 4단(36~39단)을 반복하여 총 콧수가 25코가 될 때까지 코를 늘린다.

길이 조절과 코 줄임

길이 조절

1. 더 이상 코를 늘리지 않고 스카프를 원하는 길이가 될 때까지 무늬대로 뜬다.
2. 코 늘림 구간은 30cm 정도이며 작품 전체 길이는 95cm 정도이다. 코 줄임 구간도 30cm 정도로 진행되기 때문에 길이 조절 구간에서는 35cm 정도를 뜨면 된다. 작품 길이와 다르게 뜰 때는 원하는 길이만큼 뜨고 20m 정도의 실은 남겨야 한다.
3. 마지막 단은 안면, 코 늘림 구간의 39단과 같은 무늬를 뜨고 끝난다.

코 줄임

1. 무늬를 뜨면서 4단에 1번씩 코를 줄인다.

    1단(겉면) 겉뜨기 1, K2TOG, 마지막 1코 남을 때까지 겉뜨기, 실 뒤 걸러뜨기
    2~4단 무늬대로 뜨기

2. 7코가 남을 때까지 코 줄임 하고 이후로는 무늬를 뜨지 않고 메리야스뜨기 하며 3코가 남을 때까지 코를 줄인다.
3. 마지막 코를 줄인 뒤 안면에서 안뜨기로 뜨며 코를 막는다.

만드는 법

Turtleneck Warmer

터틀넥 워머

작품 개요

터틀넥 워머는 추운 겨울날 간편하게 착용할 수 있는 실용적인 보온 아이템입니다. 칼라 부분을 길게 떠 반으로 접는 방식으로도 활용 가능하답니다. 어디에든 무난하게 잘 어울리도록 메리야스뜨기로 만들었습니다. 코 늘림이 어깨 새들의 매 단마다 진행되기 때문에 완성 후 세탁하고 편물이 울지 않도록 펴서 말려 주세요.

사이즈 선택하기

터틀넥 워머는 사이즈에 큰 영향을 받지는 않지만, 목을 감싸는 칼라 둘레에 따라 다르게 선택할 수 있습니다.

기본 정보

사이즈	S(M, L)
목둘레	40(42, 44)cm
게이지	21코 30단 ｜ 4mm 바늘 ｜ 메리야스뜨기
실	니팅 포 올리브의 메리노와 소프트 실크 모헤어 실 한 쌍
소요량	275(285, 295)m 더블 넥 기준
바늘	3mm, 4mm

STEP 1

칼라

칼라

1. 3mm 바늘로 100(104, 108)코를 잡고 마커를 걸어 시작점을 표시하고 원통뜨기 한다.
2. *겉뜨기 1, 안뜨기 1*을 반복하여 1코 고무뜨기를 8cm 정도 뜬다. 반으로 접을 수 있는 더블 넥 칼라는 17cm 정도 뜬다.

경사뜨기

1. 4mm 바늘로 바꿔서 겉뜨기로 단 끝까지 한 단을 뜨고 다음과 같이 경사뜨기 한다. 마커 사이의 8코는 새들(어깨 코)이 된다.

    1단(겉면) 겉뜨기 21(22, 23), M1R, 마커 걸기, 겉뜨기 8, 마커 걸기, M1L, 겉뜨기 1, 편물 돌리기
    2단(안면) DS 만들기, 마커까지 안뜨기, M1LP, 마커 넘기기, 안뜨기 8, 마커 넘기기, M1RP, 시작점까지 안뜨기, 마커 넘기기, 안뜨기 21(22, 23), M1LP, 마커 걸기, 안뜨기 8, 마커 걸기, M1RP, 안뜨기 1, 편물 돌리기
    3단 DS 만들기, *마커까지 겉뜨기, M1R, 마커 넘기기, 겉뜨기 8, 마커 넘기기, M1L* 2번 반복, DS까지 겉뜨기, DS 뜨기, 겉뜨기 2, 편물 돌리기
    4단 DS 만들기, *마커까지 안뜨기, M1LP, 마커 넘기기, 안뜨기 8, 마커 넘기기, M1RP* 2번 반복, DS까지 안뜨기, DS 뜨기, 안뜨기 2, 편물 돌리기

2. 3~4단을 4(5, 6)번 더 반복한다. 총 146(158, 170)코가 된다.

3. 경사뜨기가 끝났고 다음과 같이 원통뜨기 하며 코를 늘린다.

   1단 DS 만들기, *마커까지 겉뜨기, M1R, 마커 넘기기, 겉뜨기 8, 마커 넘기기, M1L* 2번 반복, DS까지 겉뜨기, DS 뜨기, 계속해서 겉면을 마주 보고 원통뜨기 하며 왼쪽 앞판의 DS까지 겉뜨기, *-* 1번 더 반복, 단 끝까지 겉뜨기

4. 2단부터는 뒤판과 앞판의 양 끝에서 테두리를 만든다.

   2단 *마커 앞 1코 남을 때까지 겉뜨기, 안뜨기 1, M1R, 마커 넘기기, 겉뜨기 8, 마커 넘기기, M1L, 안뜨기 1* 2번 반복, 단 끝까지 겉뜨기

   3단 *마커 앞 2코 남을 때까지 겉뜨기, 안뜨기 1, 겉뜨기 1, M1R, 마커 넘기기, 겉뜨기 8, 마커 넘기기, M1L, 겉뜨기 1, 안뜨기1* 2번 반복, 단 끝까지 겉뜨기

   4단 *마커 앞 3코 남을 때까지 겉뜨기, 안뜨기 1, 겉뜨기 1, 안뜨기 1, M1R, 마커 넘기기, 겉뜨기 8, 마커 넘기기, M1L, 안뜨기1, 겉뜨기 1, 안뜨기 1* 2번 반복, 단 끝까지 겉뜨기

   5단 *마커 앞 4코 남을 때까지 겉뜨기, [안뜨기 1, 겉뜨기 1] 2번 반복, M1R, 마커 넘기기, 겉뜨기 8, 마커 넘기기, M1L, [겉뜨기1, 안뜨기 1] 2번 반복* 2번 반복, 단 끝까지 겉뜨기

   6단 *마커 앞 5코 남을 때까지 겉뜨기, [안뜨기 1, 겉뜨기 1] 2번 반복, 안뜨기 1, M1R, 마커 넘기기, 겉뜨기 8, 마커 넘기기, M1L, [안뜨기 1, 겉뜨기 1] 2번 반복, 안뜨기 1* 2번 반복, 단 끝까지 겉뜨기

   7단 *마커 앞 6코 남을 때까지 겉뜨기, [안뜨기 1, 겉뜨기 1] 3번 반복, M1R, 마커 제거, 다음 7코 덮어씌워 코 막음, 마커 제거, [겉뜨기 1, 안뜨기 1] 3번 반복* 2번 반복, 단 끝까지 겉뜨기, 시작 마커 제거, 겉뜨기 33(35, 37), *안뜨기 1, 겉뜨기 1* 3번 반복, 겉뜨기 1

5. 총 160(172, 184)코가 된다.

뒤판과 앞판

뒤판과 앞판

1. 편물을 돌려 안면을 마주 보고 시작한다. 양쪽 어깨 새들 사이에 있는 80(86, 92)코만 뜬다. 나머지 앞판은 잠시 쉬게 한다.

    1, 3단(안면) 실 앞 걸러뜨기, *안뜨기 1, 겉뜨기 1* 3번 반복, 마지막 7코 남을 때까지 안뜨기, *겉뜨기 1, 안뜨기 1* 3번 반복, 안뜨기 1

    2단(겉면) 실 뒤 걸러뜨기, *겉뜨기 1, 안뜨기 1* 3번 반복, 마지막 7코 남을 때까지 겉뜨기, *안뜨기 1, 겉뜨기 1* 3번 반복, 겉뜨기 1

    4단 실 뒤 걸러뜨기, *겉뜨기 1, 안뜨기 1* 3번 반복, 겉뜨기 1, K2TOG, 마지막 10코 남을 때까지 겉뜨기, SSK, 겉뜨기 1, *안뜨기 1, 겉뜨기 1* 3번 반복, 겉뜨기 1

2. 1~4단을 10번 더 반복한다. 길게 뜨려면 1~2단을 반복하여 총 5단을 뜬 뒤 6번째 단마다 4단과 같이 코를 줄인다. 총 58(64, 70)코가 된다.

3. 3mm 바늘로 바꿔서 다음과 같이 진행한다.

    1단(겉면) 실 뒤 걸러뜨기, 마지막 2코 남을 때까지 *겉뜨기 1, 안뜨기 1* 반복(편물 가운데에서 안뜨기 차례에 P2TOG 하여 1코 줄임), 겉뜨기 2

    2단(안면) 실 앞 걸러뜨기, 마지막 2코 남을 때까지 *안뜨기 1, 겉뜨기 1* 반복, 안뜨기 2

    3단 실 뒤 걸러뜨기, 마지막 2코 남을 때까지 *겉뜨기 1, 안뜨기 1* 반복, 겉뜨기 2

4. 2~3단을 반복하여 1코 고무뜨기를 3cm 정도 뜨고 코를 막는다. 앞판도 안면을 마주 보고 새 실을 걸어 뒤판과 같이 뜬다.

만드는 법

Osolgil Hat

오솔길 모자

작품 개요

오솔길 모자는 하프 피셔맨 립 스티치로 뜬 비니입니다. 양면으로 다른 무늬가 나오기 때문에 모자의 어느 쪽을 겉면으로 하더라도 무늬가 참 예쁩니다. 모자를 탄탄하게 만들기 위해 실 굵기 대비 가는 바늘을 사용했습니다. 작품에 사용된 실은 디케이 굵기입니다.

사이즈 선택하기

모자의 사이즈를 선택하는 것은 은근히 까다로운 일입니다. 특히 고무뜨기같이 신축성이 좋은 뜨개 방식은 실의 영향도 많이 받기 때문에 모자를 10cm 정도 떴을 때 반드시 머리에 써보는 게 중요합니다. 모자의 사이즈를 미세하게 조정하고 싶다면 바늘 사이즈를 조절해 보세요.

기본 정보

머리둘레	44~50(50~55, 55~60)cm
모자 둘레	47(51.5, 56.5)cm
게이지	17코 21단 ｜ 3mm 바늘 ｜ 하프 피셔맨 립 스티치
실	더 파이버 코의 컴브리아 실
소요량	140(170, 210)m
바늘	3mm

모자 뜨기

모자뜨기

1. 3mm 바늘로 느슨하게 80(88, 96)코를 잡고 시작한다. 마커를 걸어 시작점을 표시하고 원통뜨기 한다.

    1단 *겉뜨기 1, SLYO(실을 앞에 두고 걸러뜨기, 바늘비우기)* 단 끝까지 반복
    2단 *겉뜨기 1, P2TOG(걸러뜨기 코와 바늘비우기 코를 한꺼번에 안뜨기)* 단 끝까지 반복

2. 1~2단을 반복하여 코 잡은 곳에서부터 20(23, 25)cm 정도 뜬다. 마지막 단은 2단을 뜨고 끝난다.

3. 모자를 반으로 접어 머리에 써보고 필요하다면 길이를 더 길게 뜬다. 원하는 길이가 되었다면 마커로 코 줄임 위치를 다음과 같이 표시한다.

    셋업 단 첫 9(11, 11)코 무늬대로 뜨기, 마커 걸기, *20(22, 24)코 무늬대로 뜨기, 마커 걸기* 3번 반복, 단의 끝까지 11(11, 13)코 무늬대로 뜨기

4. 코 줄임 준비가 끝나고 이제부터 마커의 양옆에서 코를 다음과 같이 줄인다.

    1단 *마커 앞 2코를 남기고 무늬대로 뜨기, K2TOG, 마커 넘기기, P2TOG, SSK* 4번 반복, 단 끝까지 무늬대로 뜨기
    2단 무늬대로 뜨기

5. 1~2단을 반복하여 총 콧수를 16코로 만들고 모든 코를 K2TOG 하여 8코로 만든다.

6. 실을 15cm 정도 남기고 잘라 돗바늘에 끼운다. 바늘에 걸린 첫 코부터 돗바늘을 통과시킨다. 실을 잡아당겨 돗바늘을 가운데 구멍으로 넣어 모자의 안면에서 마무리한다.

만드는 법

Crochetlook Bag

크로셰룩 가방

작품 개요

크로셰룩 가방은 코바늘 작품처럼 앙증맞고 귀여운 무늬가 가방 전체에 덮여 있습니다. 일반적으로 대바늘 소품은 뜨기가 여간 번거로운 게 아닌데요. 크로셰룩 가방은 몸통에서 바닥까지 한 번에 뜰 수 있으니 꼭 한 번 떠보길 추천합니다.

사이즈 선택하기

크로셰룩 가방은 복조리 가방과 숄더백 두 가지 사이즈가 있습니다. 복조리 가방은 산책할 때 간편하게 어깨에 메기 좋은 사이즈이고 가방끈은 코바늘로 뜹니다. 숄더백은 넉넉한 사이즈로 인조 가죽 손잡이를 달았습니다.

기본 정보

사이즈	복조리 가방(숄더백)
둘레/높이	54/24(70/35)cm
게이지	18코 27단 ǀ 4mm 바늘 ǀ 무늬뜨기
실	이사거의 트리오 2와 아르떼라나의 베이비 알파카 실크 키드 모헤어 실 한 쌍
소요량	175(280)m 가방끈 제외
바늘	3mm, 4mm

STEP 1

가방 뜨기

<u>원통뜨기</u>

1. 4mm 바늘로 98(126)코를 잡고 마커를 걸어 시작점을 표시하고 원통뜨기 한다.

    1단   단 끝까지 안뜨기
    2~4단   단 끝까지 *안뜨기 1, 겉뜨기 5, 안뜨기 1* 반복
    5단   단 끝까지 *안뜨기 1, 바늘비우기, SSK, 겉뜨기 1, K2TOG, 바늘비우기, 안뜨기 1* 반복
    6단   단 끝까지 *안뜨기 1, 겉뜨기 5, 안뜨기 1* 반복
    7단   단 끝까지 *안뜨기 1, 겉뜨기 1, 바늘비우기, 중심 3코 모아뜨기, 바늘비우기, 겉뜨기 1, 안뜨기 1* 반복
    8~10단   단 끝까지 *안뜨기 1, 겉뜨기 5, 안뜨기 1* 반복

2. 가방 길이가 24(35)cm 또는 원하는 길이가 될 때까지 5~10단을 반복한다. 이는 가방의 전체 높이인데 깊은 숄더백을 선호하지 않는다면 30~32cm 정도로 마무리하는 게 좋다. 마지막 단은 10단으로 마무리한다.

<u>가방 밑판</u>

1. 3mm 바늘로 바꿔서 다음과 같이 뜬다.

    1단   겉뜨기 14(28), 편물 돌리기
    2단   실 앞 걸러뜨기, 겉뜨기 12(26), P2TOG(4mm 바늘 코와 함께 모아뜨기), 편물 돌리기
    3단   실 뒤 걸러뜨기, 겉뜨기 12(26), SSK(4mm 바늘 코와 함께 모아뜨기), 편물 돌리기

2. 4mm 바늘에 14(28)코가 남을 때까지 2~3단을 반복한다. 마지막 단은 겉면을 뜨고 끝난다.

3. 4mm 바늘에 있는 14(28)코를 모두 겉뜨기하고 3mm 바늘 2개에 각 14(28)코씩 위치 시킨다. 계속해서 영상을 참고해 키치너 스티치를 진행한다.

마무리

가방끈

1. 편물은 손세탁해 블로킹(모양잡기)한다.
2. 영상을 참고해 코바늘로 사슬코를 만든다. 80~90cm 길이(복조리백 기준)로 4줄 만들고 2줄씩 꼬아서 총 2개의 끈을 준비한다.
3. 세탁해 둔 편물을 가지런히 펴서 양쪽 끝의 안뜨기 열을 기준으로 놓고 위에서부터 3번째 무늬의 바늘비우기 구멍에 끈을 끼워 넣는다.
4. 1번째 끈은 왼쪽 끝에서 들어가서 한 바퀴를 돌아 왼쪽 끝으로 끈을 빼낸다.
5. 2번째 끈은 오른쪽 끝에서 들어가서 한 바퀴를 돌아 오른쪽 끝으로 끈을 빼낸다. 양쪽에서 끈을 잡아당겨 가방이 닫히게 만든 후 끈의 끝 4개를 가지런히 모아 어깨끈 길이를 조절하여 매듭짓는다.
6. 가방 안감은 모양대로 잘라서 바느질한다(안감은 가방끈 부분 위로 넘지 않도록 한다).

Terra Socks

테라 삭스

작품 개요

언제나 시골길에 대한 로망을 간직하고 있습니다. 포근한 뜨개 양말을 신고 흙먼지 길을 걷는 상상을 하고는 해요. 현실은 조그마한 돌멩이를 밟기라도 한다면 나 죽는다고 엄살 부릴 테지만요. 테라 삭스는 시골길에 대한 로망을 담은 양말입니다. 무심해 보이는 게 특징입니다.

사이즈 선택하기

사이즈는 발볼 둘레에 따라 달라집니다. 좁음, 보통, 넓음 세 가지 사이즈를 소개하고 있는데요. 길이는 발볼과 관계없이 원하는 길이로 뜨는데 완성 길이가 본인의 발 크기보다 2~3cm 정도 짧으면 좋습니다.

기본 정보

사이즈	좁음(보통, 넓음)
발볼 둘레	17(20, 22.5)cm
게이지	16코 24단(5×5cm) ｜ 2.5mm 바늘 ｜ 4코 고무뜨기
실	재거 스펀의 헤더 핑거링 실
소요량	225m(240mm 보통 발 기준)
바늘	2.5mm

STEP 1 발목

양말목

1. 양말목부터 내려가는 커프 다운(Cuff-down) 방식으로 진행한다.
2. 2.5mm 바늘로 56(64, 72)코를 잡고 원통뜨기 한다.

    1~4단   단 끝까지 겉뜨기
    5~14단   단 끝까지 *겉뜨기 2, 안뜨기 2* 반복

발목

1. 발목 부분을 뜨기 시작한다.

    1단   겉뜨기 2, 마지막 6코 남을 때까지 *안뜨기 4, 겉뜨기 4* 반복, 안뜨기 4, 겉뜨기 2

2. 1단을 반복하여 코 잡은 곳에서부터 12cm 또는 원하는 길이가 될 때까지 뜬다.

STEP 2 발꿈치

힐 플랩(Heel Flap)

1. 힐 플랩은 발꿈치 뒤편의 편물을 도톰하게 만든다.
2. 영상을 참고해 양말의 콧수를 첫 14(16, 18)코 [발꿈치], 다음 28(32, 36)코 [발등], 마지막 14(16, 18)코 [발꿈치]와 같이 구분한다. 발등 28(32, 36)코는 마커로 표시하거나 매직루프를 이용해 케이블에 올려놓아 알아볼 수 있게 표시하고 발꿈치 28(32, 36)코만 진행한다.

   1단(겉면) 겉뜨기 14(16, 18), 편물 돌리기
   2단(안면) 실 앞 걸러뜨기, 발꿈치 끝까지 안뜨기
   3단 발꿈치 끝까지 *실 뒤 걸러뜨기, 겉뜨기 1* 반복

3. 2~3단을 반복하여 발꿈치가 36(38, 40)단이 될 때까지 뜬다. 마지막 단은 안면을 뜨고 끝난다.

힐 턴(Heel Turn)

1. 힐 플랩에서 발바닥으로 돌아가는 부분을 만든다.

   1단(겉면) 실 뒤 걸러뜨기, 겉뜨기 15(17, 19), SSK, 겉뜨기 1, 편물 돌리기
   2단(안면) 실 앞 걸러뜨기, 안뜨기 5, P2TOG, 안뜨기 1, 편물 돌리기
   3단 실 뒤 걸러뜨기, 겉뜨기 6, SSK, 겉뜨기 1, 편물 돌리기
   4단 실 앞 걸러뜨기, 안뜨기 7, P2TOG, 안뜨기 1, 편물 돌리기
   5단 실 뒤 걸러뜨기, 겉뜨기 8, SSK, 겉뜨기 1, 편물 돌리기
   6단 실 앞 걸러뜨기, 안뜨기 9, P2TOG, 안뜨기 1, 편물 돌리기

2. 위와 같이 단마다 1코씩 늘리면서 발꿈치 코가 총 16(18, 20)코가 될 때까지 반복한다.

거싯(Gussets)

1. 다시 원통뜨기 하여 발꿈치와 발을 이어주는 부분을 만든다.

    1단(겉면) 겉뜨기 8(9, 10), 마커 걸기(시작점), 겉뜨기 8(9, 10), 힐 플랩 옆선을 따라 걸러뜨기 코에서 18(19, 20)코 줍기, 마커 걸기, 힐 플랩과 발등 사이에서 1코 줍기(겉뜨기), 발등 28(32, 36)코를 무늬대로 고무뜨기, 발등과 힐 플랩 사이에서 1코 줍기(겉뜨기), 마커 걸기, 힐 플랩의 옆선을 따라 걸러뜨기 코에서 18(19, 20)코 줍기, 단 끝까지 겉뜨기

2. 총 82(90, 98)코가 된다.

    2단 마커 앞 3코를 남기고 겉뜨기, K2TOG, 겉뜨기 1, 마커 넘기기, 다음 마커까지 무늬대로 뜨기, 마커 넘기기, 겉뜨기 1, SSK, 단 끝까지 겉뜨기
    3단 무늬대로 뜨기

3. 발등을 제외한 나머지 코들은 이제 발바닥이 된다. 발바닥 코가 총 28(32, 36)코가 될 때까지 2~3단을 반복한다.

STEP 3

발

발

1. 발등은 고무뜨기 하고 발바닥은 메리야스뜨기 하며 원하는 양말 길이보다 4(4, 5)cm 정도 짧게 만든다.

발가락

1. 발바닥과 발등의 코가 각 28(32, 36)씩 나누어져 있는 상태에서 진행한다.
2. 시작점은 발바닥의 중간이며, 현재 시작점 위치에서 와 있다.

    1단 발바닥의 3코 남기고 겉뜨기, K2TOG, 겉뜨기 2, SSK, 발등의 3코 남을 때까지 겉뜨기, K2TOG, 겉뜨기 2, SSK, 시작점까지 발바닥의 남은 코 겉뜨기(총 4코 감소)
    2단 단 끝까지 겉뜨기

3. 발바닥과 발등에 각 14(16, 18)코가 남을 때까지 1~2단을 6(7, 8)번 더 반복한 뒤 1단만 3(4, 5)번 더 반복한다. 발바닥과 발등에 각 8코씩 남는다.
4. 발바닥의 절반인 4코를 떠서 영상을 참고해 키치너 스티치로 마무리한다.

Anne's Slippers

앤의 룸 슈즈

작품 개요

앤의 룸 슈즈는 실내에서 신을 수 있는 덧신입니다. 발등에는 레이스 무늬와 함께 방울이 달려 있고 발이 들어가는 입구는 코바늘로 테두리를 만들었어요. 양말 위에 덧신을 수도 있고 맨발에 바로 신을 수도 있습니다. 투박한 감성이 묻어나는 귀여운 덧신이랍니다.

사이즈 선택하기

지침은 하나만 제공하고 있지만, 바늘과 실 굵기에 따라 사이즈를 조절할 수 있어요. 발볼이 좁으면 핑거링 굵기의 실과 2.5mm 바늘을 사용하고, 넓으면 디케이 굵기의 실과 3mm의 바늘을 사용합니다.

기본 정보

발볼 둘레	20~23cm
게이지	12코 19단(5×5cm) ｜ 3mm 바늘 ｜ 메리야스뜨기
실	로완의 펠티드 트위드 실
소요량	35~40g
바늘	2.5mm 또는 3mm

STEP 1

발가락

발가락

1. 발가락부터 시작하는 토업(Toe-up) 방식으로 진행한다.
2. 3mm 바늘로 주디스 매직 캐스트온을 방식을 활용해 18코를 잡고 원통뜨기 한다. 각 바늘에 9코씩 있다.

1단	단 끝까지 겉뜨기
2단	*겉뜨기 1, M1L, 겉뜨기 7, M1R, 겉뜨기 1* 2번 반복
3단	*겉뜨기 1, M1L, 겉뜨기 9, M1R, 겉뜨기 1* 2번 반복
4단	단 끝까지 겉뜨기
5단	*겉뜨기 1, M1L, 겉뜨기 11, M1R, 겉뜨기 1* 2번 반복
6단	단 끝까지 겉뜨기
7단	*겉뜨기 1, M1L, 겉뜨기 13, M1R, 겉뜨기 1* 2번 반복
8단	단 끝까지 겉뜨기
9단	겉뜨기 1, M1L, 안뜨기 1, 다음 13코 기호 도안 1단부터 뜨기, 안뜨기 1, M1R, 겉뜨기 2, M1L, 겉뜨기 15, M1R, 겉뜨기 1
10단	겉뜨기 1, 안뜨기 2, 겉뜨기 13, 안뜨기 2, 단 끝까지 겉뜨기
11단	겉뜨기 1, M1L, 안뜨기 2, 다음 13코 기호 도안대로 뜨기, 안뜨기 2, M1R, 겉뜨기 2, M1L, 겉뜨기 17, M1R, 겉뜨기 1
12단	겉뜨기 1, 안뜨기 3, 겉뜨기 13, 안뜨기 3, 단 끝까지 겉뜨기

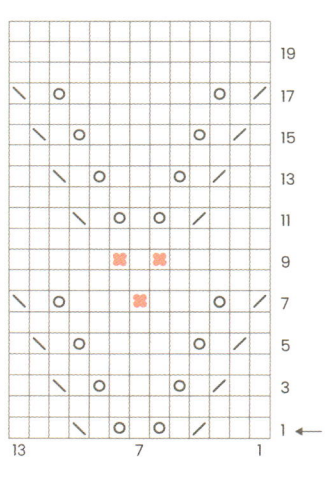

기호 도안

3. 총 42코가 된다.

STEP ②

발

발

1. 이제 코 늘림은 끝났고 첫 21코는 다음과 같이 진행한다.

   1단 겉뜨기 1, 안뜨기 3, 가운데 13코 기호 도안대로 뜨기, 안뜨기 3, 겉뜨기 1

2. 나머지 21코는 모두 겉뜨기하여 발 부분을 뜬다.
3. 기호 도안 전체 무늬가 끝날 때까지 뜨고 기호 도안을 1번 더 반복하거나 원하는 길이가 될 때까지 반복한다.

발바닥

1. 1~2단은 원통뜨기 하고 3단부터 평면뜨기 한다.

   1단 겉뜨기 1, 안뜨기 3, 겉뜨기 3, 다음 7코 막기, 겉뜨기 2, 안뜨기 3, 단 끝까지 겉뜨기
   2단 겉뜨기 1, 안뜨기 3, 겉뜨기 3, 편물 돌리기
   3단(안면) 안뜨기 3, 겉뜨기 3, 안뜨기 23, 겉뜨기 3, 안뜨기 3
   4단(겉면) 겉뜨기 3, 안뜨기 3, 겉뜨기 23, 안뜨기 3, 겉뜨기 3

2. 3~4단을 반복하여 실제 발바닥 길이보다 3cm 정도 짧게 뜬다. 마지막 단은 안면을 뜨고 끝난다.
3. 평면뜨기 하는 동안 편물이 어느 정도 길어질 때까지는 매직루프 방식을 사용한다.

STEP

③ 마무리

뒤꿈치

1. 편물의 가운데에서 코를 줄이며 뒤꿈치를 만든다.

    1단(겉면) 겉뜨기 3, 안뜨기 3, 겉뜨기 14, SSK, 편물 돌리기
    2단(안면) 실 앞 걸러뜨기, 안뜨기 5, P2TOG, 편물 돌리기
    3단 실 뒤 걸러뜨기, 겉뜨기 5, SSK, 편물 돌리기

2. 바늘에 7코가 남을 때까지 2~3단을 반복하고 겉면에서 코를 막는다.

테두리

1. 영상을 참고해 코바늘로 덧신 테두리를 뜬다.
2. 4~5호 사이즈의 코바늘로 발이 들어가는 입구를 따라 *짧은뜨기 1, 사슬코 1*을 반복하며 테두리를 만든다.
3. 먼저 뒤꿈치 옆에서 시작해 기초 코를 만들어서 첫 코를 짧은뜨기 하고 사슬코를 만든다. 3단에 1번 정도 짧은뜨기와 사슬코를 만드는데 편물이 우글거리지 않도록 손 땀에 따라 간격을 조절한다.
4. 뒤꿈치까지 모든 테두리가 끝나면 첫 코에 바늘을 넣어 빼뜨기로 연결한다. 뒤꿈치에서 짧은뜨기 2단을 뜨고 실을 자른다.

만드는 법